WELTKRISE ARABIEN

Allah, Blut und Öl – Hintergründe eines Konflikts

Herausgegeben
von Peter Scholl-Latour

Konzept: Sven Rohde
Graphische Gestaltung: Herbert Suhr
Bildtexte: Manfred Leier, Winfried Maaß, Sven Rohde, Peter Thomsen
Chronik: Matthias Weber

Herausgeber: Klaus Liedtke
Programmleitung: Dr. Manfred Leier
Lektorat: Klaus Humann
Bildredaktion: Katja Aldorf-Russbült
Verlagsleitung: Peter Schlickenrieder
Herstellung: Bernd Bartmann, Druckzentrale G+J
Satz: Neef, Wittingen
Litho: Offset-Repro-Technik, Hamburg
Druck: Mohndruck, Gütersloh

ISBN 3-570-06697-5

Inhalt

PETER SCHOLL-LATOUR

Im Namen des Koran

Auf der Suche nach einer geeinten arabischen Nation

Der Gewaltakt des irakischen Staatschefs Saddam Hussein gegen das Emirat Kuwait hat zu einer Koalition zahlreicher arabischer Regierungen und Potentaten mit der amerikanischen Weltmacht geführt. Aber der Diktator von Bagdad hat es in verschiedenen Staaten der Arabischen Liga erreicht, breite Volksmassen und auch die öffentliche Stimmung auf seine Seite zu bringen. Saddam Hussein hat viel Geschick bewiesen, als er die Stoßrichtung dieser Auseinandersetzung auf den Palästina-Konflikt umdirigierte. Schon erscheint er in den Augen der Jordanier, die ohnehin 60 Prozent Palästinenser sind, in den Augen der Algerier und vielleicht morgen der Syrer und Ägypter als der Rächer der arabischen Nation gegenüber dem „US-Imperialismus", der als unentbehrlicher Schirmherr des Zionismus angeprangert wird.

Saddam Hussein benutzt die Baath-Bewegung, die Partei der Arabischen und Sozialistischen Wiedergeburt, zum Instrument seiner totalitären Machtausübung. Ursprünglich war er im Namen säkularer, nationalistischer und auch sozialistischer Ideale angetreten, deren Herkunft von westlichem Denken geprägt war. Noch in seinem achtjährigen Krieg gegen die Islamische Republik des Ajatollah Khomeini suchte er sich als Verteidiger einer modernen, laizistischen und fortschrittlichen Regierungsform gegenüber dem schiitischen „Obskurantismus" zu profilieren. In Bagdad war damals keine Rede vom islamischen Gottesstaat. Man wachte über die Trennung von Staat und Religion und erreichte damit tatsächlich, daß die kommunistische Hegemonialmacht Sowjetunion wie auch deren damaliger Rivale USA das Regime von Bagdad unterstützten, ihm Waffen lieferten und das Land als letztes Bollwerk gegen die destruktive Ausweitung der islamischen Revolution munitionierten.

Inzwischen hat Saddam Hussein erkannt, daß der Islam in seiner militanten Urform ein weit wirksameres Mittel ist, den westlichen Imperialismus zu bekämpfen und die Gunst des Volkes zu gewinnen, als die aus dem Abendland importierte nationale Idee. Saddam Hussein ist gewissermaßen in die Fußstapfen seines verstorbenen Todfeindes Khomeini getreten und proklamiert den Heiligen Krieg gegen die Ungläubigen.

Bei einer Betrachtung der arabischen und muslimischen Herrschaftssysteme müssen wir auf den Beginn dieser Offenbarung zurückgehen und uns auf den Koran berufen, der als „unerschaffenes Wort" Allahs die obersten Richtlinien für das gesellschaftliche wie auch das private Zusammenleben setzt. Natürlich ist der Koran interpretationsfähig und offen für unterschiedliche Deutungen. Unübersehbar ist jedoch der starke egalitäre Zug dieser Lehre, der ihr einen durchaus modernen Charakter verleiht und die frommen Muslime oft zu der Äußerung veranlaßt, sie bedürften keiner sozialistischen West-Theorien, weil die wahre menschliche Gerechtigkeit und Gleichheit von Anfang an in ihrem Offenbarungsbuch enthalten gewesen sei.

Tatsächlich heißt es im Koran, daß alle Menschen gleich seien, „wie die Zähne eines Kammes". Jedenfalls lassen sich nicht die für die Geschichte Europas so entscheidenden Strukturen des Feudalismus, der Vorherrschaft von Adel und Klerus, auf die arabisch-islamische Welt übertragen. Eine erbliche Aristokratie existiert nicht im Islam. Allenfalls gibt es die besondere Ehrenstellung der Nachkommen des Propheten, *Sayed* oder *Schurafa* genannt, die jedoch zahlreich sind wie der Sand am Meer und meist über einen recht zweifelhaften Stammbaum verfügen. Allein im schiitischen Iran gibt es rund eine halbe Million von Sayed – dazu gehörte unter anderem Khomeini –, die zum Tragen des schwarzen Turbans berechtigt sind.

Der sunnitische Zweig des Islam, der etwa 85 Prozent der Gläubigen umfassen dürfte, erkennt keinerlei geistliche Hierarchie an. Gewiß gibt es die

Koran-Gelehrten, die *Ulama*, die sich durch intensives Studium des Korans, des *Hadith* (Überlieferung), des islamischen Rechts, *Scharia* genannt, der Vertiefung der Theologie, des *Tauchid*, widmen. Die berühmteste koranische Universität bleibt bis auf den heutigen Tag die El Azhar von Kairo, obwohl sie erst durch die Fatimiden-Kalifen gegründet wurde. Der Rektor der Universität erteilte bislang die fundiertesten Koran-Interpretationen und praktischen Lebensanweisungen, die als *Fatwa* bezeichnet werden. Das verlieh ihm jedoch keinerlei priesterlichen Rang. So gibt es auch keine Vorzugsordnungen innerhalb der Moscheen. Der Imam, der Vorbeter, wird unter denjenigen Gläubigen ausgewählt, die sich durch besondere Koran-Kenntnis und Frömmigkeit auszeichnen. In der Masse der Gläubigen, die beim täglichen Gebet, beim *salat*, aufgereiht sind, steht der Arme neben dem Reichen, der Knecht neben dem Herrn.

Noch heute haftet der Gesellschaftsstruktur des Islam der spezielle Charakter der frühen arabischen Verhältnisse zur Zeit Mohammeds an. Der Lebensstil der Beduinen war hier ausschlaggebend, aber auch die kaufmännische Emsigkeit der städtischen Bevölkerung von Mekka. Nachdem Mohammed, wie fast alle semitischen Propheten, in seinen frühen Jahren die Schafe am Rande der Wüste gehütet hatte, wurde er durch seine Heirat mit der reichen Kaufmannswitwe Khadidscha seinerseits zum erfolgreichen Händler, und er gehörte ohnehin der angesehenen Sippe der Quraischiten an.

Im Rückblick dürfen wir nicht vergessen, daß die koranische Offenbarung und die durch den Koran vorgeschriebene Gesetzgebung zur Zeit ihrer Entstehung im 7. Jahrhundert überaus revolutionär, ja man möchte sagen progressiv wirkte gegenüber den archaischen Zuständen auf der Arabischen Halbinsel. Selbst beim Zusammenprall mit dem Byzantinischen Reich, dessen Verwaltung und Klerus ausbeuterisch und willkürlich über den damaligen Orient herrschten, trat der Islam als eine Art Befreiungslehre auf und konnte deswegen in einem spektakulären Eroberungszug den gesamten mittelöstlichen Raum des Fruchtbaren Halbmonds und ganz Nordafrika für sich gewinnen. Bis auf den heutigen Tag stehen sich bei der Interpretation der koranischen Lehre die Verfechter einer fast sozialistischen, egalitären Gesellschaftsordnung sowie die Anhänger einer mehr konservativen Interpretation gegenüber. Letztere berufen sich vor allem auf die Zusicherung des Privateigentums, die Mohammed in seiner Lehre verankerte. Die persönliche Bereicherung, die durchaus erlaubt war, wurde jedoch durch ein striktes Gebot der Wohltätigkeit und der Almosen, *Zakat* genannt, eingeschränkt. Um nur ein aktuelles Beispiel zu erwähnen: Im heutigen Iran stehen sich diese beiden Tendenzen des Islam innerhalb der von Khomeini gegründeten schiitischen Republik gegenüber und halten sich die Waage. Während der großen und schismatischen Wirren, die das islamische Mittelalter im 11. Jahrhundert heimsuchten, entstand sogar eine kämpferische Gruppierung, die Qarmaten, die in ihrem Egalitätseifer mit dem Kommunismus der Neuzeit verglichen werden können.

Der arabischen Welt von heute mangelt es an einer einheitlichen Führung. Die arabische Nation, der gesamte Islam sind zersplittert. Das ist kein neuer Tatbestand, der etwa durch den westlichen Kolonialismus oder gar durch die Verschwörung des Zionismus geschaffen worden wäre, wie die arabischen Politiker oft behaupten. Diese Intrigen und Machtkämpfe zeichnen den Islam von seinen Anfängen an und waren oft religiös verbrämt. Da der Prophet nicht nur Künder der Offenbarung war, sondern auch Staatsgründer, Gesetzgeber und Feldherr, wurde von Anfang an das Prinzip *din wa daula* praktiziert, auch wenn es erst später formuliert wurde, nämlich die Einheit von Religion und Staat, besser gesagt die Unterordnung der Politik unter die Religion. Die weltliche Machtausübung im richtig interpretierten Islam ist gewissermaßen Bestandteil des religiösen Lebens.

Der Prophet Mohammed hat keinen Nachfolger gehabt, denn er gilt als das Siegel der Offenbarung. Unmittelbar nach seinem Tod einigte man sich auf die Institution des Kalifats, einer Statthalterschaft Allahs auf Erden, die im Namen der koranischen Lehre und des mohammedanischen Vorbildes ausgeübt wurde. An erbliche Dynasten war hier ursprünglich nicht gedacht. Unter den Gefährten Mohammeds einigten sich die prominenten Gläubigen auf den wegen seiner Frömmigkeit hochangesehenen ersten Kalifen Abu Bakr, der ein naher Verwandter Mohammeds war. Durch ähnlichen Konsens wurde der zweite Kalif Omar auserkoren, unter dem der Islam seine phänomenale Ausdehnung über den ganzen Orient, nach Nordafrika und bis nach Zentralasien vollzog. Die Schwierigkeiten begannen mit dem dritten Kalifen Othman, der bereits einem Komplott zum Opfer fiel und ermordet wurde. Als letzter der vier *Raschidun*, der rechtgeleiteten Kalifen, wird von den Sunniten der Schwiegersohn Mohammeds, der Ehemann der Prophetentochter Fatima, nämlich Ali Ibn Abi Talib, angesehen, und mit dieser Berufung ging die Einstimmigkeit des Gottesvolkes verloren.

Unter Ali fand die Spaltung der islamischen Gemeinschaft statt. Er wurde durch einen entfernten Verwandten Mohammeds, Moawiya, in Frage gestellt und am Ende langer, kämpferischer Auseinandersetzungen und Spaltungen durch die Anhänger einer abweichenden Richtung, der Kharidschiten, ermordet. Seit Ali ist der Islam in die beiden großen rivalisierenden Bekenntnisflügel gespalten, die Sunna auf der einen Seite, die Partei Alis, „Schiat Ali", auf der anderen. Die Anhänger der letzteren Tendenz sind heute als Schiiten bekannt.

Moawiya, der erfolgreiche Gegner Alis, ein Mann von großem Machtinstinkt und Durchsetzungsvermögen, begründete das Omajaden-Kalifat von Damaskus, das fast 120 Jahre lang über die islamische Welt von Andalusien bis Persien herrschte. Es war eine Einheit, die die *Umma* nie wieder finden sollte. Aber diese neuen Potentaten von Damaskus und auch deren feindliche Nachfolger von Bagdad, die Kalifen der Abbassiden-Dynastie, zeichneten sich weniger durch vorbildliche Frömmigkeit und Gerechtigkeit gegenüber ihren Untertanen aus, als durch zunehmend despotische Allüren und familiäre Ränkespiele.

Zur Bestätigung eines neuen Kalifen bedurfte es der Zustimmung der höchsten Koran-Gelehrten, des Rates der *Ulama*, doch diese frommen Männer konnten oft genug gekauft oder eingeschüchtert werden. Hier soll nicht ein geschichtlicher Ablauf der arabisch-islamischen Herrschaftsverhältnisse beschrieben werden. Aber es sollte festgehalten werden, daß die Kalifen von Bagdad schon sehr bald unter den Einfluß ihrer türkischen Söldner und ihrer persischen Hofbeamten gerieten.

Das Volk fuhr mit diesem Herrschern, die die weltliche und die geistliche Macht in ihrer Hand vereinten, mehr oder weniger gut, je nach der charakterlichen Veranlagung, der Befähigung des Kalifen. Als leuchtendes Beispiel gesellschaftlicher Gerechtigkeit gilt Harun al-Raschid, ein Zeitgenosse Karls des Großen, der den ersten Kaiser des Abendlandes an Glanz der Hofhaltung und militärischer Macht weit übertraf.

Der Niedergang der Abbassiden-Kalifen hat sich durch Jahrhunderte hingezogen. Der Große Mongolensturm, der im 13. Jahrhundert den ganzen Orient verwüstete, hatte diesem Herrschaftssystem praktisch ein Ende gesetzt und den letzten nur noch nominellen Träger dieses hohen Titels nach Ägypten verschlagen, wo er entmachtet wurde.

Die Würde des Kalifats ging innerhalb der sunnitischen Gemeinschaft später auf den osmanischen, den türkischen Sultan über, der sich mit der Eroberung Konstantinopels im Jahre 1453 eine Vorzugsstellung erkämpft hatte und den Titel des „Befehlshabers der Gläubigen" usurpierte. Das Kalifat hat sich dann in Istanbul zu höchster Macht entfaltet und fiel im Laufe der Jahrhunderte dem Niedergang, der Korruption, ja einer gewissen Vermoderung anheim. Erst im Jahre 1924 hat Atatürk, der Gründer der modernen türkischen Republik, den letzten nominellen Kalifen ins Exil geschickt. Brutale Machtpolitik, die Intrigen der Hof-Eunuchen, die Putschgelüste der kriegerischen Janitscharen haben das Auf und Ab des Osmanischen Reiches und der dort herrschenden Kalifen immer wieder erschüttert. Seit dem Mongolensturm war jede Form hoher geistlicher Legitimation ohnehin verlorengegangen. Das Volk war weitgehend abhängig von der Willkür oder auch vom Wohlwollen der lokalen Emire, die im Namen des Sultans, oft auch gegen ihn, das tatsächliche Regiment führten. Die sunnitische Glaubensgemeinschaft – das darf nicht vergessen werden – ist in ihrer staatlichen Struktur weit stärker durch die osmanische Machtausübung geprägt worden als durch die koranische Idealvorstellung vom Statthalter Allahs auf Erden. Kein Wunder, daß im arabischen Volk stets die Sehnsucht wach blieb nach jenem strengen und gottgefälligen Ur-Islam, wie er durch die vier ersten Kalifen, die „Rechtgeleiteten", verkörpert worden war.

Auf seiten der schiitischen Fraktion hatte sich eine ganz andere Entwicklung vollzogen. Die „Partei Alis" ging von der religiösen Überzeugung aus, daß nur die leiblichen Nachkommen des Propheten, zunächst durch Ali, dann durch dessen Söhne und Enkel repräsentiert, als berufene geistliche Führer im Namen Allahs an die Spitze der Gläubigen treten könnten. Die schiitische Entwicklung war eine einzige Reihe von Tragödien und Bluttaten. Ali war einem Meuchelmord zum Opfer gefallen, und elf der zwölf Imame, die die schiitische Heilslehre verkörpern, sind gewaltsam aus dem Leben geschieden. In diesem Glaubenszweig hatte man den Titel des Kalifen durch die Bezeichnung „Imam" ersetzt. Der berühmteste von ihnen, der Imam Hussein, wurde von dem sunnitischen Omajaden-Kalifen Yazid in der Schlacht von Kerbela bedrängt, besiegt und unter schrecklichen Foltern ermordet. Bis auf den heutigen Tag gilt dieses Martyrium des Hussein als eine Art Karfreitag der Schiiten, der mit Geißelungen und Büßerumzügen begangen wird. Nicht ermordet wurde der zwölfte Imam, Mehdi genannt, der im Kindesalter der Verfolgung durch göttliche Fügung entrückte, in die Okkultation entschwand und aus dieser Verborgenheit heraus die Welt im Geheimen weiterregiert bis zu dem Tage seiner glorreichen messianischen Rückkehr, an dem er das Reich Gottes und der Gerechtigkeit gründen wird.

In der Zwischenzeit haben die Schiiten ein sehr zwiespältiges Verhältnis zur weltlichen und zur geistlichen Macht. In der „Partei Alis" hat im Gegensatz zum sunnitischen Mehrheitsflügel eine klerikale Hierarchisierung stattgefunden. Aufgrund ihrer koranischen Gelehrtheit, ihres Eindringens in die schiitischen Mysterien und einer Kooptation durch die höchsten geistlichen Autoritäten werden die verschiedenen Rangstufen dieser Geistlichkeit konstituiert. Das reicht vom Hodschatolislam bis zum Ajatollah Uzma. Das Wort *Ajatollah* läßt sich übrigens mit „Zeichen Gottes“ übersetzen. Die besonders geachteten Ajatollahs ziehen in ihrer Eigenschaft als *Mujtahid*, als Richtungweisende, eine mehr oder minder große Zahl von Jüngern an, die sich nach ihren Koran-Auslegungen richten und in ihnen ein geistliches Vorbild suchen.

Im schiitischen Islam hatte man nicht auf den Ajatollah Khomeni gewartet, um die existierende weltliche Macht in Frage zu stellen. Khomeini hatte den letzten Schah der Pahlevi-Dynastie als Gottesfeind deklariert und erfolgreich dessen Sturz betrieben. Dabei war es ihm gelungen, das Volk, die kleinen Leute der armen Vorstädte und der elenden Dörfer, auf seine Seite zu ziehen, aber auch die Basarhändler zu mobilisieren. Er tat das getreu dem schiitischen Prinzip, wonach jede weltliche Macht und auch geistliche Autorität nur in Übereinstimmung mit den Absichten und den heiligen Prinzipien des verborgenen Imam Mehdi ausgeübt werden könne. Als Interpret dieses mystischen Willens präsentierte Khomeini sich selbst. Gegen die von ihm verteufelte Figur des Schah Mohammed Reza Pahlevi bot er den revolutionären Willen des Gottesvolkes auf und mobilisierte jene Enterbten und Entrechteten, die *Mustafazin*, wie er sie nannte, denen seine besondere Zuneigung galt.

Aber auch schon frühere Dynastien in Persien hatten den Zorn des schiitischen Klerus zu spüren bekommen, wenn sie von dem Pfade der Rechtschaffenheit und islamischen Unterwerfung abwichen, der angeblich durch den verborgenen Imam vorgezeichnet war. Eine Dualität der Macht war dadurch vorprogrammiert und ließ sämtliche Regierungsstrukturen im schiitischen Bereich außerordenlich zerbrechlich und fragwürdig erscheinen. Selbst die heutige Islamische Republik Iran wird weiterhin von diesem ungewissen Disput über die Legitimität der Herrschenden stets aufs neue in Frage gestellt. Seit der Safawiden-Dynastie, die im 17. Jahrhundert die Schia zur Staatsreligion erhob, ist die Politik nicht nur durch die Religion, sondern durch die geheimnisvolle Mystik der Mehdi-Erwartung beherrscht.

Aber wir wollen uns durch die überragende Figur Khomeinis nicht von der überwiegenden Mehrheit der Muslime ablenken lassen, die sich zum sunnitischen Glaubenszweig bekennt und deren vier Rechtsschulen – Hanefiten, Malekiten, Schafeiten und Hanbaliten – die Richtung bestimmen. Zur Bestätigung des Herrschers, der auch Befehlshaber der Gläubigen ist, bedurfte es dort, wie bereits erwähnt, der Zustimmung, des *Idschma* der hohen Schriftgelehrten, der *Ulama*. Das Beispiel des fernen Marokko exemplifiziert am besten das stets gespannte Verhältnis zwischen den Herrschenden und Beherrschten. Marokko, im äußersten Maghreb gelegen, war niemals dem osmanisch-türkischen Reich einverleibt worden. Die Sultane von Fez betrachteten sich stets als Kalifen in ihrem Bereich. Noch heute trägt der König von Marokko den geistlichen Titel „Emir el Muminin“ und begründet darauf seine höchste Autorität gegenüber seinen Untertanen.

Aus dem Maghreb, dem heutigen Marokko, stammt auch der erste arabische Soziologe, Ibn Khaldun, der eine zyklische Theorie der islamischen Machterwerbung und des darauf folgenden Machtzerfalls entwarf. Ähnliche Vorstellungen sind übrigens im 20. Jahrhundert von dem britischen Historiker Arnold Toynbee wiederaufgenommen worden. Laut Ibn Khaldun entsteht die wahre islamische Frömmigkeit, die ja stark puritanisch geprägt ist und den weltlichen Luxus ablehnt, stets in der Wüste oder in der Wildnis, wo sich die Ursprünglichkeit des Glaubens in der Einsamkeit und der Nähe Allahs erneuert. Von diesen heiligen Männern der Wüste kommt in zyklischen Abständen jener heilige Sturm auf, der die etablierten Herrscherhäuser, die sich dem Luxus, der Sünde, der Ketzerei ergeben haben, davonfegt. Aber auch die neuen Dynastien werden nach ihrem Machtantritt in der zweiten, dritten oder vierten Generation von der Versuchung und der satanischen Abweichung vom Pfade Allahs heimgesucht.

Marokko bietet dafür zwei eklatante Beispiele. Im 11. Jahrhundert war aus der westlichen Sahara, aus jener Gegend, wo heute die Polisario-Front sich gegen den Thron des Königs Hassan II. erhoben hat, die kriegerische Mönchsgemeinschaft der Murabitun aufgebrochen, um die frevlerische Sultansfamilie, die damals in Marrakesch herrschte, auszulöschen und durch ein streng koranisches Regime zu ersetzen. Diese wilden Männer der Wüste sind im Zeichen des Halbmonds auch nach Spanien weitergezogen, um dort gegen die christliche Reconquista Front zu machen, bis diese Murabitun, die ihrerseits ein Herrscherhaus begründet hatten, ebenfalls vom wahren Pfad Allahs und des Propheten abwichen und ein neues Strafgericht und eine neue Ablösung fällig wurden. Die nunmehr im 12. Jahrhundert über den westlichen Maghreb hereinbrechende Erneuerungswelle des Glaubens kam von den unerbittlichen Stammeskriegern des Atlas, die sich im Namen Allahs auf die verweichlichte Küstenbevölkerung und die üppigen Städte stürzten, um sie zur wahren Religion zurückzuführen. Es handelte sich dabei um die Bewegung der Almohaden, die ebenfalls bei den Abwehrkämpfen in Spanien eine hervorragende Rolle spielen sollten. Auf Arabisch bezeichneten sie sich selbst als *Muwahidun*, als Bekenner der Einzigkeit Gottes, und sind als solche in die Geschichte eingegangen. Ibn Khaldun beschreibt somit den permanenten Pendelschlag zwischen den sich ablösenden Herrschaftssystemen. Legitim ist ein Regime im Islam lediglich, wenn es den hohen Grundsätzen der Religion und der Gerechtigkeit gegenüber den Untertanen entspricht. Jede Abweichung vom rechten Pfad kann, ja muß durch Rebellion und Absetzung geahndet werden.

Diese zyklische Theorie des Ibn Khaldun läßt sich durch die ganze islamische Geschichte fast bis auf den heutigen Tag verfolgen. So wurde im 10. Jahrhundert das Niltal durch einen Beduinenüberfall aus dem heutigen Tunesien überrascht und vorübergehend unter der sich etablierenden Kalifendynastie der Fatimiden dem schiitischen Bekenntnis unterworfen. Zahllose andere Aufbrüche ähnlicher Natur, aber geringeren Ausmaßes, haben immer wieder nach der Erneuerung des Islam gestrebt.

Das heutige Königreich Saudi-Arabien ist vielleicht die typischste und aktuellste Bestätigung des frühen maghrebinischen Soziologen. Im 18. Jahrhundert waren in der ostarabischen Wüste des Nedschd die unruhigen Beduinenstämme dem Aufruf eines fanatischen und puritanischen Predigers Abd-ul Wahab gefolgt und hatten eine kämpferische Gemeinschaft im Namen des strengen Islam gebildet, ähnlich wie die Murabitun – wir nennen sie Almorawiden – im äußersten Maghreb. Im Namen des wahren koranischen Glaubens haben die Wahabiten zwei Jahrhunderte lang gegen die türkischen „Streitkräfte der Pforte" einen hinhaltenden Partisanenkrieg geführt, sind immer wieder in Mesopotamien eingefallen und erlangten schließlich die volle staatliche und religiöse Macht, als sich ein genialer Heerführer an ihre Spitze stellte, nämlich Abd-al Aziz Ibn Saud, der erste König von Saudi-Arabien. Dieser Ibn Saud, der heute bereits als legendäre Figur erscheint, entsprach vollauf dem koranischen Ideal des religiösen Inspirators, des islamischen Feldherren und Staatsgründers. Sein Sohn Faisal, der noch von ähnlichem Glaubenseifer und moralischer Strenge durchdrungen war, unterwarf dem Haus El Saud die heiligen Stätten von Mekka und Medina an der Spitze seiner Kamelreiter und Beduinen.

Doch mit der Entdeckung unermeßlicher Ölvorkommen, dem Aufkommen des Luxus, der zunehmenden Verweichlichung, ja der Hinwendung der zahllosen Prinzen der Herrscherfamilie zu den Lebensgewohnheiten und Lastern des Westens schien sich die Zyklus-Theorie des Ibn Khaldun wieder einmal im 20. Jahrhundert zu bestätigen. Heute könnte der Punkt erreicht sein, wo das erregte Volk von Saudi-Arabien seine Herrscher an ihrer Frömmigkeit und Tugendhaftigkeit messen wird. Das saudische Bündnis mit den USA, die Präsenz einer ganzen Armee ungläubiger Soldaten auf dem Boden einer Dynastie, die sich als Wächter der Heiligen Stätten bezeichnet, könnte fatal werden für die Herrscher in Riad.

Am Rande sei nur erwähnt, daß in der Cyreneika zu Beginn des 20. Jahrhunderts mit dem Aufstand der Senussi, der sich bis weit nach Schwarzafrika fortpflanzte, ein vergleichbares Phänomen zu Tage getreten war und im verzweifelten Kampf gegen die italienische Kolonisation gipfelte. Nach dem Zweiten Weltkrieg haben die Engländer den letzten greisen Repräsentanten der Senussi-Bewegung auf dem Thron von Libyen installiert. Aber die Herrschaft dieses Königs Idris und seines korrupten, unfähigen, westlichen Genüssen zugeneigten Hofes dauerte nicht lange, da wurde er durch den Putsch junger Offiziere zu Fall gebracht. An der Spitze dieses Komplotts stand ein gewisser Oberst Gaddafi, der für sich beanspruchen konnte, authentischer Beduinensohn und noch unter dem Zelte aufgewachsen zu sein. Auch er trat zunächst im Namen der arabischen und islamischen Erneuerung an, ehe er der eigenen Hybris zum Opfer fiel.

Das Schema des Ibn Khaldun wird in seiner ursprünglichen Deutung auf die heutigen Verhältnisse nicht mehr anwendbar sein. Die Beduinen sind selten geworden. Statt auf Kamelen zu reiten, rollen sie heute auf Lastwagen durch die Wüste. Die wenigen Stammeskrieger sind verarmt und in der Mehrzahl in die Städte abgewandert, wo sie in den Außenvierteln oft ein elendes Dasein führen. Seit dem Aufstand der Massen, den Khomeini mit seiner Botschaft der islamischen Revolution ausgelöst hat, ist deutlich geworden, daß die revolutionäre Erneuerung des Islam möglicherweise noch aus den Dörfern kommen kann. Aber das wirkliche Potential des eifernden Aufbruchs und Umbruchs ist in den Elendszonen, in den armseligen Vorstädten zu suchen, in denen sich im Laufe einer allgemeinen Landflucht die frühere Agrarbevölkerung zusammengeballt hat. Dieses entwurzelte Proletariat sucht nach neuen Gewißheiten und findet sie in der Rückwendung zum koranischen Glauben und zu der idealen Gesellschaft, wie der Prophet Mohammed sie bei seiner Staatsgründung in Medina verwirklicht hatte. Die Revolution Khomeinis im Iran war ein Präzedenzfall und ein Signal, das bereits bis nach Algerien zu spüren ist.

Im Niltal, im Maghreb, aber auch in Anatolien findet zur Zeit eine demographische Explosion statt. Ein ähnliches Phänomen hatte vermutlich im 7. Jahrhundert bei der blitzartigen arabisch-islamischen Expansion über den ganzen Orient Pate gestanden. Der Lebensraum für die arabischen Massen ist heute zu eng geworden in ihren Ballungszentren. Die Jugend stellt dort ungefähr 70 Prozent der Gesamtbevölkerung, und diese Jugendlichen, die in den Städten über eine oberflächliche Bildung verfügen, haben keine Zukunftschancen und sehen sich den harten Ungewißheiten einer unerbittlichen Proletarisierung ausgesetzt. Mochten noch vor einigen Jahren, zumindest für die Studenten, die Ideen des Marxismus-Leninismus gewisse Ausfluchtsmöglichkeiten bieten, so ist diese utopische Hoffnung heute endgültig verflogen.

Bleibt also lediglich die Wiederentdeckung des wahren und reinen Islam, die Erneuerung und Erlösung durch den Glauben. Nach dem Scheitern des Konzepts der arabischen Nation, das gerade in der schmerzlichen Auseinandersetzung mit Israel deutlich geworden ist, bietet der Islam nicht nur das Gefühl religiöser Geborgenheit, sondern auch die Gewißheit göttlicher Bevorzugung.

Noch halten sich an der Spitze der meisten arabischen Staaten Staatschefs und Ministerpräsidenten, die ihre politische Bildung und Denkweisen bewußt oder unbewußt aus der westlichen Nachbarschaft bezogen haben. Darunter befinden sich zweifellos auch Männer von großer staatsmännischer Begabung, die sich um das Wohl des Volkes sorgen. Aber sie befinden sich nicht mehr im Einklang mit den Aspirationen der Massen und sie werden vom Volk mehr und mehr – gerade unter dem Eindruck der neuesten dramatischen Konflikte am Persischen Golf – an ihrer Rechtgläubigkeit gemessen werden. Nicht mehr die frommen Wüstenkrieger sind zur Erneuerung der politischen Strukturen der arabischen Welt angetreten, sondern jene städtischen trostlosen Massen, die der westlichen Zivilisation und vor allem dem amerikanischen „way of life" den Rücken kehren.

Die Entwicklung ist keineswegs einheitlich oder zentral gesteuert. Aber sie reißt die Kluft auf zwischen den Herrschenden und den Beherrschten, sie macht den Weg frei für religiöse Verkünder und für fanatische Scharlatane. Europa, das sich in unmittelbarer Nachbarschaft dieser brodelnden Umwälzung befindet, wird durch diese gesellschaftlichen, religiösen Umgestaltungen und die damit verbundene Frontstellung gegen die angebliche westliche Überfremdung berührt, ja bedrängt werden. Verständlicherweise fordern die darbenden Massen im gesamten arabischen Siedlungsraum, daß die ungeheuren Reichtümer, die in die Taschen der skandalös privilegierten Erdölpotentaten der Arabischen Halbinsel fließen, gerecht verteilt werden und allen Arabern zugute kommen.

Dieser revolutionäre Anspruch der Umverteilung des Wohlstandes berührt nicht nur die existierenden lokalen Herrschaftsstrukturen, sondern auch die westlichen Interessen, die sich mit den feudalistischen Oligarchen allzu eng verbündet haben.

Der Feind sitzt im Westen

Propaganda auf einer Mauer in Teheran: Während des Krieges gegen den Irak mobilisieren die Mullahs in Teheran auch die herkömmlichen Mittel der psychologischen Kriegführung. Auf diesem Wandbild aus dem Jahre 1987 sind alle Feinde des Iran versammelt: Die amerikanische Flagge ist mit Totenköpfen „geschmückt“, das Sowjet-Emblem ziert ein Totenschädel, und der Erzfeind Saddam Hussein hat gar einen David-Stern an der Mütze – die Feinde der Iraner sitzen allesamt im Westen, so scheint es. Der achtjährige Krieg gegen den Irak, in dem fast eine Million Menschen umkamen, ist in Teheran nicht vergessen. Umso überraschender kommt der Versuch der iranischen Regierung, einen Waffenstillstand zwischen den Amerikanern und Hussein und später eine Neuordnung der arabischen Welt zu vermitteln. Der Iran zählt gewiß schon jetzt zu den Siegern des zweiten Golfkriegs.

Mütter suchen ihre toten Kinder

Bürgerkrieg im Libanon. Araber ermorden Araber. Am 19. Mai 1985 stürmen schiitische Amal-Milizen in Beirut das Palästinenser-Lager Sabra. Mehrere hundert Menschen kommen dabei ums Leben. Erst Tage nach dem Überfall verlassen die Überlebenden ihre Häuser. Auf dem Friedhof wird dann das ganze Ausmaß der Mord-Aktion deutlich: Unser Foto zeigt, wie Angehörige versuchen, ihre toten Söhne und Töchter zu identifizieren. Es ist bereits der zweite Überfall auf diese Palästinenser-Siedlung. Schon im September 1982 haben falangistische christliche Milizen das Lager gestürmt und wahllos mehr als tausend Menschen ermordet. Die israelische Armee traf damals erhebliche Mitschuld an dem Massaker: Sie bewachte den Zugang und ließ die Mord-Kommandos unkontrolliert im Lager wüten.

Irakische „Scuds" treffen Tel Aviv

Als irakische „Scud"-Raketen am 22. Januar 1991 in Tel Aviv einschlagen, ist das Entsetzen in Israel groß. Die mit konventionellen Sprengkörpern bestückten Raketen hätten auch Giftgas in die israelische Millionenstadt tragen können. In den nächsten Wochen gehört Raketen-Alarm in dem jüdischen Staat fast zum Alltagsleben. Die Bevölkerung verhält sich außerordentlich diszipliniert, und die israelische Regierung hält sich mit militärischen Aktionen zurück: Erstmals in der Geschichte des Landes verzichten Israels Militärs auf einen Vergeltungsschlag, um das alliierte Golf-Bündnis, dem auch arabische Staaten angehören, im Krieg gegen den Irak nicht zu gefährden. Mit besonderer Bitternis registrieren Israels Bewohner allerdings, daß deutsche Firmen sowohl an der Giftgas-Produktion im Irak als auch an der Reichweiten-Verlängerung irakischer Raketen mitgearbeitet haben.

KARL GÜNTER SIMON

Der Islam

oder Was ist Fundamentalismus?

Saddam Hussein betet. Bush betet. Die Juden beten. Sadat hat gebetet. Die Deutschen beten. Und wahrscheinlich beten die Bomberpiloten auch.

Was sagt der liebe Gott dazu – *Allah ar-rahman ar-rahim*, der gütige und barmherzige? „Du sollst Gott, deinen Herrn, lieben von ganzem Herzen, von ganzer Seele und von ganzem Gemüte, und deinen Nächsten wie dich selbst", sagt Jesus Christus, und Jesus ist, nach der Lehre der Christen, weseneins mit Gott – Gott selbst. Der Koran – nach muslimischem Glauben das Wort Gottes – sagt: „Die welche euren liebenden Herzen am nächsten stehen, sind die, welche sagen: Wir sind Christen. Denn es gibt Priester und Mönche unter ihnen, und sie sind nicht arrogant."

Ich erinnere mich an ein Weihnachtsfest in Tunesien. Am Morgen des Tages, den wir Heiligabend nennen, beugte sich der Hotelportier über den Tresen: Er wolle mir Glück wünschen zum Fest, „denn auch wir feiern Weihnachten, weil auch wir Jesus verehren ..."

Und warum dann Krieg, jahrhundertelang?

⋆

Alles begann an einem Tag im Jahre 610 mit den Worten des Engels Gabriel: *Iqra' bismi rabbika* –, denn der Engel sprach arabisch: „Lies im Namen deines Herrn, des Schöpfers, der den Menschen erschuf aus Ei und Samen. Und barmherzig und edelmütig ist der Herr, der die Feder erfand, um durch sie die Menschen zu lehren, der die Menschen lehrte, was sie nicht wußten." Der einzige Hörer des Engels war ein vierzigjähriger Kaufmann aus der Oase Mekka mit Namen Mohammed. Und während die Erzengel auf christlichen Bildern meistens mit Schwertern herumlaufen, sprach Mohammeds Engel von der Feder, was bis heute allen Bücherschreibern Glanz verleiht. Später erst kam das Schwert des Islam.

Neben mir liegt der arabisch-englische Koran, übersetzt und kommentiert von Muhammad Asad. Muhammad Asad war in den zwanziger Jahren ein Star-Reporter der „Frankfurter Zeitung"; aus Leopold Weiß, wie er damals hieß, ist ein großer Islam-Gelehrter geworden, ein Brückenbauer. Drei Kulturen in einem Mann: österreichischer Jude, deutscher Reporter, im Alter ein Weiser, den die Muslime als Autorität verehren. Auf die erste Seite seiner Koran-Edition hat er ein Motto geschrieben: *li qawmin yatafakkarun,* für Menschen, die denken.

Ich lese öfter im Koran, auch jetzt. Wo so viele Brükken zerbombt werden, ist es sinnvoll, noch das kleinste Brückchen wiederaufzubauen. Die meisten Kriege entstehen aus Mißverstehen. Der Diktator aus Bagdad verstand den Westen falsch: Er glaubte, daß Demokraten nur diskutieren. Der Westen hat diesen Araber mißverstanden: Als der Irak – ein Staat unter der Herrschaft der weltlich-sozialistischen Baath-Partei – den islamischen Nachbarn Iran überfiel, lieferten ihm alle Waffen; Europäer, Amerikaner und Russen. Warum? Weil der Westen, von Moskau bis Washington, glaubte, ein weltlicher Diktator mit sozialistischen Sprüchen sei weniger gefährlich als die islamische Revolution. Es war die irrationale Angst vor dem Islam, die Saddam Hussein zu einem der größten Heere der Welt verhalf – ein Mißverständnis mit grauenhaften Folgen.

⋆

Ein großes, unbekanntes Buch. Für die Muslime ist es *el-kitab,* das Buch schlechthin: Gottes Wort selbst – Mohammed hat es nicht geschrieben; er war nur das Sprachrohr Gottes, der Prophet.

Kein Buch, auch nicht die Bibel, auch nicht das Kapital, hat die Weltgeschichte mehr verändert als dieses „heilige Buch, das uns, sooft wir auch darangehen, immer von neuem anwidert, dann aber anzieht, in Erstaunen setzt und am Ende Verehrung abnötigt", um Goethe zu zitieren, – er lernte, als er 65 war, Arabisch. Neben dem Koran, ihm untergeordnet, steht ein zweites Buch: Im *Hadith* werden, ähnlich wie in unseren Evangelien, beispielhafte Geschichten aus dem Leben des Propheten erzählt, seine Sprüche gesammelt, die dem Gläubigen den rechten Lebensweg erklären. Dieser Weg heißt arabisch *Sunna.* Beide Bücher, voran der Koran, haben das Leben der Muslime durch und durch geprägt.

Der Koran gab den Beduinen-Nomaden der arabischen Wüste einen politisch-juristischen Rahmen – in Saudi-Arabien gilt der Koran als Verfassung, bis heute. „O ihr Gläubigen! Gehorcht Gott und dem Propheten und denen unter euch, die Autorität erlangt haben!" – ist diese Stelle der 4. Sure die Rechtfertigung der Diktatur? Aber die 42. Sure ergänzt: „*Wa amruhum schura beinahum,* und regelt eure Angelegenheit unter euch durch Beratung." Diesem Vers folgend, hat es ein *madschlis as-schura,* eine Art Parlament, in fast allen islamischen Staaten gegeben, zumindest ein Ansatz zur Demokratie, wie wir sie verstehen. Im Hadith wird dann vor skrupelloser Macht gewarnt: „Ihr seid keinen Gehorsam schuldig in sündigen Dingen, Gehorsam gebührt nur dem rechten Weg.“ Wenn der Mann, den Khomeini als Teufel verfluchte, den Gebetsteppich telegen auf den Strand von Kuwait breitet, dann beweist er nur die Kraft des Islam – der atheistische Heuchler hat erkannt, daß die Gemeinschaft der Gläubigen seine einzige Chance ist. Er ist schlauer als der Schah von Persien.

Der Koran schuf das Recht: Er droht mit harten, drakonischen Strafen, aber er ermahnt auch die Gemeinschaft, den Armen nicht schuldig werden zu lassen. Muslime brauchen keinen Marx.

Der Koran spricht auch vom Krieg, nicht mehr und nicht weniger als das Alte Testament. Mohammed, der Araber, hat – anders als Jesus – seine Lehre mit dem Schwert verteidigt und verbreitet. „Wenn ihr auf die Ungläubigen trefft“, heißt es in der 47. Sure, „dann haut ihnen auf den Nacken. Wenn ihr sie schließlich niedergekämpft habt, dann schnürt ihnen die Fesseln fest.“ Aber dann fährt die Sure fort: „Danach gilt es, sie aus Gnade oder für Lösegeld zu entlassen. Handelt so, bis der Krieg seine Waffenlasten ablegt. So ist es. Und wenn Gott wollte, so würde er sie selbst bestrafen.“

Worte für die Männer der Wüste. Im Jemen, wo sich die altarabischen Traditionen am besten erhalten haben, trägt jeder Mann seinen Dolch und manchmal die Maschinenpistole dazu. Lauter Machos mit Heldengeschichten: Der Islam – und die Liebe zur Waffe ist sicher vorislamisch – kennt keine Märtyrer, die sich wehrlos kreuzigen oder von Löwen fressen lassen. Männerstolz: Jesus, sagt der Koran, sei nicht am Kreuz gestorben, sondern ein anderer, den die Christen mit ihm verwechselt haben – Allahs Prophet stirbt nicht in Schande, Allahs Märtyrer sterben im Kampf. Wer den Islam verläßt, begeht Fahnenflucht im Krieg: „Wer Gott verleugnet, nachdem er gläubig war, über den kommt ein Zorn von Gott und eine gewaltige Pein. Zweifellos sind sie, die Abtrünnigen, im Jenseits die Verlierer.“ Wahrscheinlich hat Rushdie, der abtrünnige Muslim, sich auf diesen Vers der Sure 16 verlassen – daß ihn die Strafe schon im Diesseits ereilen soll, konnte er wohl ahnen.

Ein einziger Satz im Koran wurde zum Fundament der Wirtschaft: „Allah hat den Profit erlaubt, aber den Zins verboten.“ In den letzten Jahren ist ein islamisches Bankensystem entstanden, das die westlichen Banker zunächst belächelten. Inzwischen findet es immer mehr Kunden; zwischen London und China leben eine runde Milliarde Muslime.

Und dieses Buch, das gleichwohl immer die Barmherzigkeit Gottes betont, zwang die ungebärdigen Individualisten der Wüste in eine strenge Disziplin. Fünfmal Beten am Tag, klare Gebote für Essen, Trinken und Fasten, gemeinsame Pilgerfahrt, Umgang mit Frauen, Waschen und Zähneputzen. Mehr noch: Das Propheten-Beispiel inspirierte eine grandiose Architektur, eine durchgeistigte Kunst ohne Menschen- und Gottes-Bild, dafür mit den Ornamenten der Feder.

Wer einmal mit Sufis, den islamischen Mystikern, meditiert hat, wer einmal in den Reihen der Gläubigen während des Freitagsgebetes stand, der hat an Körper und Seele gespürt, wie er aufgeht in einer großen Gemeinschaft, in einem bedrohlichen, aber auch stützenden und beschützenden Kollektiv. Islam heißt „Unterwerfung“, Unterwerfung unter den Willen Gottes. Islam ist Religion, Politik, Wirtschaft, Kunst, Islam ist das alltägliche Leben – oder anders gesagt: Alles ist Islam. Darin liegt das erste Geheimnis der Bewegung, die wir „Fundamentalismus“ nennen.

*

Der brave Mann denkt an sich selbst zuerst, ein paar Heilige vielleicht ausgenommen. Doch jedes Ich braucht ein Wir. Die alten Griechen sprachen vom *zoon politikon*, dem „politischen Tier“ oder, freundlicher übersetzt, dem Gemeinschafts-Wesen. Die Gemeinschaft kann auf vielerlei Fundamente bauen: die Familien-Bande zunächst, dann die engere Heimat, Landschaft, Dialekt und Lodenmantel; schließlich die großen Gemeinsamkeiten der Sprache, Rasse, Nation und Religion.

Als der Ägypter Sadat seine Memoiren schrieb, nannte er sie *In Search of Identity*, die Suche nach der Identität. Inzwischen ist diese Suche weltweit ausgebrochen. Während sich immer größere Einheiten bilden, EG und UNO, McDonald's und Blue Jeans, hat sich die Menschheit auf Wurzelsuche gemacht nach immer kleineren Gemeinsamkeiten. Die Iren lernen Gälisch, eine keltische Sprache, die fast ausgestorben war. In Ibiza müssen die Kinder Katalanisch lernen und nicht das kastilianische Spanisch – ein offenbarer Unsinn auf einer Insel, die von fremden Touristen lebt. Die Elsässer beginnen, ihr Elsässisch zurückzuerobern, die Basken ihr Baskisch, die Zürcher ihr Schwyzerisch mit einem y statt i. Letten und Litauer, Slowaken und Slowenen, Kurden und Kanaken: weltweit lauter Fundamentalisten. Die Suche nach Identität, nach gemeinsamen Wurzeln bricht vor allem in Zeiten der Krise aus. Auf der Beerdigung versöhnen sich auch die zerstrittensten Familien. Und in diesen Zeiten der Krise schlägt die Stunde der schrecklichen starken Männer, der Helden und Verbrecher.

Darin liegt das zweite Geheimnis aller Fundamentalismen. Der „Islamismus“, der „islamische Fundamentalismus“, ist nur einer von vielen.

*

Hundert Jahre nach Mohammeds Tod, in der Zeit der drei ersten, „rechtgeleiteten“ Kalifen, hatten die Muslime fast die ganze damals bekannte Welt erobert. Sie standen am Indus und jenseits der Pyrenäen, sie hatten den byzantinischen Kaiser besiegt in Syrien, Mesopotamien und Palästina; Sizilien, Südfrankreich, ein Stückchen China und ein Stück Schweiz lernten Arabisch.

Was hatte ein paar halbverhungerte Beduinen in Welteroberer verwandelt? Die Antwort ist sensationell: ein Buch! Auch andere, schlichtere Gründe lassen sich finden, die Lust auf Beute oder der Bruch des Staudamms von Marib, der Gärten und Weiden vernichtete. Aber das Buch, der Koran, hatte sie geeint. *Allahu akbar*, Gott ist größer, wurde zum Kriegsschrei, dem nichts widerstand: Glaube ist unwiderstehlicher als Dollar, Drachmen oder Dividende. Den Märtyrern winkten die grünen Gefilde, die plätschernden Quellen, die zärtlichen Frauen – die Gärten der Alhambra sind bis heute Metaphern des Paradieses.

Im Buch – im Koran und auch im Hadith – sind zwei Lehren, zwei Ideale festgeschrieben: die Toleranz und die Suche nach Wissen.

La ikraha fi d-din, heißt es im Koran, „es sei kein Zwang im Glauben“. Die nestorianischen Christen in Syrien und im Land, das heute Irak heißt, begrüßten die Muslime als Befreier. Sie, die Nestor-Christen, hatten das Dogma von der leiblichen Göttlichkeit Jesu abgelehnt, Maria hat keinen Gott geboren, sondern schlicht das Jesu-Kind – die byzantinischen Staatschristen hatten sie deshalb als Ketzer verfolgt und vertrieben. Die Muslime waren fast wie Brüder. Der Koran ist ein großes Plädoyer gegen die schwerverständliche Lehre von der Trinität. Jesus wird seitenlang als Prophet gerühmt, Maria ist die einzige Frau, der sich eine ganze Sure widmet, aber der Monotheismus des Koran ist unerbittlich: „Gott hat keinen Sohn!" Eine einfache, klare Lehre. Viele Eroberte, Juden und Christen, hatten mit ihren Befreiern auch theologisch wenig Schwierigkeiten – die Muslime hingegen folgten dem Gebot der Toleranz; sie kassierten nur Steuern. Es gab im Islam – ganz anders als bei den Christen nach den ersten Konzilien – keinen Widerspruch zwischen Glauben und Denken.

Der Prophet selbst – so steht es in einer berühmten Hadith-Geschichte – hat drei Quellen der Erkenntnis genannt, aus denen die Gläubigen ihr Urteil schöpfen: den Koran, die Sunna (im Hadith) und *adschtahidu ra'ji,* die „Anstrengung des eigenen Denkens", also des menschlichen Verstands. Diese kleine Geschichte, kaum 15 Zeilen lang, begründete eine ganze Kultur. „Suchet das Wissen, und sei es in China!", heißt ein anderer berühmter Spruch im Hadith.

Die Muslime suchten von China bis Spanien; sie sammelten Bücher, wo immer sie waren, in Persien, in Indien, bei den Christen, die viele Schriften der Antike aus Byzanz gerettet hatten. Sie entdeckten das Papier in China, die Zahlen in Indien, die Philosophie bei den Griechen; sie wurden selbst zu Forschern und Lehrern: Die westliche Wissenschaft, die sich später gegen den Widerstand der Kirche entwickelte, verdankt ihre Impulse den Gelehrten in Bagdad, Damaskus, Kairo und Cordoba.

Thomas von Aquin, der Vater der christlichen Scholastik, las einen islamischen Gelehrten namens Ibn Ruschd, lateinisch: Averroes, der ihm den alten Aristoteles erklärte. Descartes, der Gründer des europäischen Rationalismus, hat – wie moderne Forschungen nahelegen – bei einem persischen Muslim abgeschrieben: Sechs Jahrhunderte vor ihm hatte Al-Ghazali die Methode des philosophischen Zweifels, also die Uridee unserer empirischen Wissenschaften, formuliert; die blinde Nachahmung alter Lehrmeinungen, arabisch *taqlid,* sei abzulehnen. Daß Descartes Al-Ghazalis Bücher gekannt hat, ist kaum zu beweisen, aber die fast wörtliche Übereinstimmung mancher Sätze im *Munquid* und im *Discours de la Méthode* ist verblüffend. Die Schriften des Persers standen in den Bibliotheken von Leiden und Paris. Achthundert Jahre lang war der Islam der Lehrmeister Europas.

⋆

Im nächsten Jahr feiert die Welt ein großes Fest. Die Welt, tatsächlich?

Amerika, zumindest das weiße, hat Grund zum Feiern: Wäre Kolumbus im Jahre 1492 nicht abgefahren in den unbekannten wilden Westen, wo hätten die englischen Puritaner, die hungernden Pfälzer, die verfolgten Juden eine Zuflucht gefunden?

Europa wird, in Sevillas riesiger Weltausstellung, das „Zeitalter der Entdeckungen" feiern, zu Recht: Mit dem Jahr '92 verändert sich die Welt; fortan werden Europas Entdecker herrschen.

Daß die Indianer feiern, ist nicht bekannt: Vielleicht wird ein Demonstranten-Zelt vor dem Tor der Expo daran erinnern, daß sie einem Irrtum zum Opfer fielen, wie ihr Name heute noch bezeugt.

Die Araber werden Pavillons auf dem Campus der Entdecker bauen, denn auch sie können ein wichtiges Datum feiern: Im Jahr 1492 war *ihre* Ära der Entdekkungen beendet. Bei all den Feiern in Sevilla wird von Kolumbus viel die Rede sein und auch von Carmen – drei andere Ereignisse des Jahres werden sicher nur diskret behandelt. Im Frühjahr 1492 hatten die katholischen Könige, Isabella und Ferdinand, den letzten und schönsten Stützpunkt der Mauren erobert, Granada und seine Alhambra, – ein ruhmreicher Sieg nach 800 Jahren Kampf. Kolumbus hatte sieben Jahre lang gebettelt; jetzt erst, nach dem Fall Granadas, fand er das Gehör der Monarchen und damit die Reisespesen für die erste Karibik-Kreuzfahrt der Geschichte. Am 3. August, als die drei Karavellen am Strand von Palos ablegten, trat ein Edikt der christlichen Könige in Kraft: Alle Juden mußten bis zu diesem Tag ihr Vaterland verlassen haben. Die Schiffe der Entdecker, von jüdischen Bankiers finanziert, überholten bei ihrer Ausfahrt andere Schiffe mit anderen Passagieren: verzweifelte jüdische Emigraten. Das goldene Zeitalter der Juden, eine jahrhundertelange fruchtbare Symbiose zwischen Juden und Arabern, fand an diesem Tag sein Ende.

Zu Ende ging auch eine Ära der Toleranz. Fortan herrschten die Inquisitoren, die schlimmsten aller christlichen Fundamentalisten.

Die Neuordnung der Welt begann im Jahre '92; wir werden uns im nächsten Jahr daran erinnern. Achthundert Jahre lang hatte das Licht des Orients den Okzident erleuchtet, *ex oriente lux.* Die großen Bibliotheken standen in Cordoba, Bagdad und Kairo. Der arabische Astronom Al Fargani – um nur einen von vielen Forschern zu nennen – hatte ums Jahr 820 den Erdumfang aufs genaueste berechnet: Hätte Kolumbus nicht die arabischen Meilen mit italienischen verwechselt, er wäre nie abgefahren; er hätte gewußt, daß Indien da lag, wo es noch heute liegt – viel zu weit für seine Karavellen. Und welche Sprache hörten die Indianer aus dem Mund des ersten weißen Mannes? Arabisch und hebräisch! Luis de Torres, der Dolmetscher des Entdeckers, wird wohl – auch wenn es nicht im Bordbuch steht – als erster die Eingeborenen begrüßt haben; er sprach, außer Spanisch, die Sprachen der echten alten Bildung.

Nun werden andere Sprachen tonangebend: Die Indianer haben Spanisch zu lernen, die Araber studieren später in Oxford und Paris. Und es gab im Orient andere Sieger: Die Mongolen hatten Bagdad erobert und seine kostbaren Bücherschätze in den Tigris geworfen. Aber sie wurden Muslime und lernten, um den Koran zu lesen, Arabisch. Die Moguln, ihre Nachfahren, schufen ein großes islamisches Reich in Indien – die Inder eroberten wiederum Bagdad im Jahr 1917, diesmal unter englischem Befehl. Die Türken, ein anderer Stamm aus den Steppen Hinterasiens, zerstörten das letzte römische

Reich. Die Einnahme von Konstantinopel durch die Streiter Allahs war übrigens ein früher Exporterfolg der westlichen Rüstungsindustrie: Ein Ungar hatte dem Sultan, der besser zahlte als der Kaiser, die größte Kanone der Welt gebaut. Sie zerschmetterte die Mauern des mächtigen Byzanz.

Europa überholte alle. Die Warenströme gingen neue Wege. Die Renaissance ließ neues Denken erblühen. Die Renaissance, die Wiedergeburt, war eigentlich ein „italienischer Fundamentalismus", denn vor allem die Italiener kehrten zu ihren römischen Fundamenten zurück und bauten darauf Neues. Michelangelo und Leonardo sprachen Italienisch, Bankbeamte und Musikanten sprechen es bis heute: Lombardsatz adagio. Von den Spaniern sind nur die Pferde der Wiener Hofreitschule geblieben — Araber aus Andalusien. Das Wort „Renaissance" wurde später arabisch wiedergeboren: in der Baath-Partei von Saddam Hussein.

Europa hatte sehr bald die stärkeren Kanonen, die besseren Universitäten. Was den Kreuzfahrern nicht geglückt war, gelang im 19. und 20. Jahrhundert: Europäer, Engländer und Franzosen vor allem, übernahmen als „Schutzmächte" die eigentliche Macht in den Ländern des Islam. Als das türkisch-osmanische Reich zerfiel, erhoben sich die Araber, um das große arabische Reich wiederzugewinnen — von dem Engländer T. E. Lawrence beraten — stürmten sie gen Damaskus. Beraten, verraten: Die Neuordnung des Orients war Sache der Engländer und Franzosen. Der merkwürdige Knick in der jordanischen Grenze zu Saudi-Arabien heißt unter Arabern „Churchill's Hickup", Schluckauf — der englische Kolonialminister habe, nach einem opulenten Mittagsmahl in Jerusalem, einen raschen Bleistiftstrich auf die Karte gemalt.

Die Europäer zogen nicht nur die Grenzen der neuen arabischen Staaten, auch die Idee des Nationalismus kaum aus Europa. Das arabische Wort *ba'ath* — der Name der Partei, die im Irak regiert — bedeutet nichts anderes als „Wiedergeburt", als Renaissane. Die alte islamische Staatsphilosophie kannte keine Nationen, die *umma* war die Gemeinschaft der Gläubigen; Glaube und Politik, *din wa daula,* waren eine Einheit. Der Koran war die Richtschnur — und der Koran war arabisch, auch für Türken oder Pakistani. Die Baath-Partei, von einem Christen gegründet, löste die Klammer der *umma;* Nationalismus und Sozialismus, die sich sehr schnell zum „Nationalsozialismus" verbinden, sollten die weltliche Herrschaft der Religion ablösen — eine Entwicklung, die Europa gerade hinter sich hatte — man darf sagen: Gott sei Dank.

Araber leben in ihrer Geschichte, mehr als Europäer oder gar Amerikaner. Der Niedergang ihrer Kultur, der Aufschwung Europas und später Amerikas hat eine tiefe Wunde in der arabischen Seele hinterlassen. Die Niederlagen gegen Israel haben das Gefühl der Demütigung bis zum Haß verstärkt. Daß jetzt Soldaten des Westens Araber gegen Araber verteidigen müssen, daß westliche Waffen westliche Waffen zerstören — diese groteske Situation wird die Wunde vergrößern, was immer dieser Krieg erreicht.

In den Zeiten der Krise finden Gemeinschaften zurück zu ihren Fundamenten. Es ist die Stunde der schrecklichen starken Männer, die von den Gefühlen ihrer Untertanen profitieren.

⋆

Das dritte Geheimnis des Fundamentalismus heißt Fanatismus. Über die schrillen Töne der arabisch-islamischen Massen wird im Westen viel gerätselt: Schuld habe, sagen manche Kommentatoren, vor allem der Islam; andere entdecken die heißblütige arabische Seele, eine Überempfindlichkeit, die nur Schwarz und Weiß und keine Zwischentöne kennt. Aber der Blick auf den Moment der Gegenwart verstellt die weitergefaßte Perspektive. Mag sein — nur der Versuch einer Theorie —, daß Fanatismus vor allem da entsteht, wo sich Fundamente im Irrationalen gründen. Von „Glaube, Liebe, Hoffnung, diesen drei" sprach der Apostel Paulus, wenn auch in anderem Zusammenhang. Die schlimmsten Verbrechen der Menschheit geschahen im Namen von Glauben und Liebe — für das Prinzip Hoffnung, die Utopie, sind Millionen gestorben. Wir erinnern uns an die Scheiterhaufen der Inquisition, die Glaubenskriege, den realen Sozialismus, und wir wissen, daß auch das Volk der Dichter und Denker dem Irrationalen verfiel, in einer Zeit der Krise: Hitler sprach dauernd von Liebe und Glauben, vom Verstand sprach er nie. Kein Volkssturm-Pimpf wäre freiwillig für den Verstand gestorben.

In diesen Tagen war eine erstaunliche Szene im Fernsehen zu sehen. Ein amerikanischer General hielt eine Rede vor seinen Soldaten in der Wüste. „In einem Krieg geht nichts nach Plan", sagte er, „alles, was schiefgehen kann, geht schief. Was aber gibt euch Kraft, das alles zu überwinden?" Die Soldaten machten große ernste Augen. „Love!" sagte der General, „jawohl, Jungs: Liebe!"

Die Zensur des Militärs hat diese Szene passieren lassen; sie war überraschend, sie lag außerhalb des Plans. Im Tohuwabohu des Krieges hat niemand bemerkt, daß die Worte des Generals an einer der Säulen der westlichen Weltanschauung rüttelten: am Rationalismus, am Glauben an Planung und Computer. Und wahrscheinlich hatte der General auch recht: Liebe und Glaube, irrationale Kräfte, sind stärker als die Kräfte der Vernunft. Aber sie können auch zerstören, was die Vernunft geschaffen hat.

Natürlich haben auch viele muslimische Gelehrte über die Gründe nachgedacht, die den Niedergang ihrer Kultur bewirkten. *Al-bab al-idschtihad,* sagen einige, das Tor des eigenen Urteils, habe sich geschlossen, schon wenige Generationen nach dem Tod des Propheten. Ein deutscher Philosoph namens Kant hatte das Motto der Aufklärung formuliert: „Habe den Mut, dich deines Verstandes zu bedienen!" Nichts anderes hatte der Prophet gesagt, aber die Muslime hatten es vergessen.

Nur eine schwache Hoffnung bleibt: *al-bab al-idschtihad,* das Tor der Vernunft könnte sich wieder öffnen.

Eine schwache Hoffnung, mehr nicht.

Der Islam zwingt auch Despoten auf die Knie

Der libysche Diktator Muammar al-Gaddafi und sein Stabschef haben ihre Stiefel ausgezogen und verneigen sich zum Mittagsgebet in Richtung Mekka. Sie unterwerfen sich der strengen Disziplin des Islam, der von jedem Moslem fünfmal täglich das Gebet verlangt, unabhängig davon, wo er sich gerade aufhält. Der Koran enthält klare Gebote für Essen, Trinken und Fasten, für die Pilgerfahrt, für den Umgang von Frauen und Männern. Und gerade die arabischen Herrscher tun gut daran, nach diesen Regeln zu leben, egal ob sie nun tatsächlich gläubige Moslems sind oder nicht: Der Islam ist ein integraler Bestandteil des politischen Systems, die Religion legitimiert die Führer vor den Augen ihrer Völker.

Mekka – das heilige Zentrum

Mindestens einmal im Leben soll der Moslem sich aufmachen zur „Hadsch", zur Pilgerfahrt nach Mekka. Dort muß er zu Beginn des Aufenthalts siebenmal um die Kaaba im Innenhof der großen Moschee gehen und bestimmte Riten ausführen. Zur Hadsch gehört auch, daß der Pilger zum Gebet in die Ebene Arafat wandert und in Muzdalifa Steine aufsammelt, die er in Mina gegen die Säulen des Satans schleudert. Nach vier Tagen kommt der Gläubige wieder nach Mekka, muß erneut siebenmal um die Kaaba gehen. Wenn er wieder zu Hause angelangt ist, kann der Pilger den Ehrennamen „Hādsch" tragen. Um die heilige Stadt Mekka, die in Saudi-Arabien liegt, ist es zuletzt immer wieder zu heftigem Streit gekommen. Radikale Araber werfen den Saudis vor, sie hätten durch die Anwesenheit der Amerikaner in Saudi-Arabien das heiligste der islamischen Heiligtümer entweiht.

Verbotene Träume von einer weißen Hochzeit

Natürlich tragen die iranischen Frauen den Schador, den traditionellen schwarzen Schleier – und können ihre Augen doch nicht von den Brautkleidern lassen. Das islamische Regime in Teheran verfolgt unnachsichtig Verstöße gegen Kleidervorschriften und gegen die Trennung der Geschlechter, die schon im Kindesalter beginnt. Im Privaten haben sich vor allem bei den Wohlhabenden Reste der früheren Liberalität erhalten. Dort gibt es auch Alkohol, den Schwarzhändler für viel Geld besorgen. Hinter den schützenden Mauern der Häuser können sogar weiße Hochzeiten gefeiert werden: Wenn der Mullah gegangen ist, fällt der Schador, und das Brautkleid aus Paris kommt zum Vorschein.

Die Scharia kennt kein Erbarmen

Verzweifelt schlägt der Gerichtete auf den Boden, um die Schmerzen der Auspeitschung etwas besser ertragen zu können. Es ist Freitagabend im saudiarabischen Dschidda, zur Abschreckung — vielleicht auch, um das Volk zu ergötzen? — werden Verurteilte öffentlich abgestraft. Vierzig Peitschenhiebe gibt es, wenn einer beim Alkoholtrinken erwischt wurde; Dieben wird die rechte Hand abgeschlagen, bei Wiederholung der linke Fuß; Ehebrecher werden gesteinigt. Grundlage dieser brutalen Strafen ist die Scharia, das islamische Recht. Auch Angehörige der herrschenden Klasse sind ihm unterworfen: Ende der 70er Jahre wurden die saudiarabische Prinzessin Mischa und ihr Liebhaber wegen Ehebruchs öffentlich hingerichtet.

Die Rückkehr wird zum Triumphzug

Nach fast fünfzehn Jahren Exil, in das ihn Schah Reza Pahlevi gezwungen hat, setzt Ayatollah Ruhollah Khomeini am 1. Februar 1979 seinen Fuß wieder auf iranischen Boden. Er hat den Schah aus 4500 Kilometer Entfernung gestürzt. Unbeschreiblicher Jubel des Volkes empfängt den 78jährigen Führer der Schiiten. Nur die Intellektuellen fürchten um ihre Freiheit, und sie fürchten zu Recht: Das islamische Regime, das Khomeini errichtet, kennt keine Toleranz, die Pasdaran, die sogenannten Revolutionswächter, verfolgen erbarmungslos alle Andersdenkenden. Vom Iran aus nimmt der fundamentalistische, der fanatische Islam seinen Weg in die arabischen Staaten. Mit der Rückkehr des Ayatollah fängt alles an.

Die Zuversicht der Todgeweihten

Im Namen Allahs ziehen iranische Kinder und Jugendliche in den Krieg gegen den Satan aus Bagdad, gegen Saddam Hussein. Wenn sie sterben, werden sie Märtyrer sein und in den Himmel kommen, hat man ihnen erzählt, denn dies sei ein heiliger Krieg. Ob heilig oder nicht: Er dauerte länger als der Zweite Weltkrieg – acht Jahre von 1980 bis 1988 – und forderte mehr Opfer als alle arabisch-israelischen Kriege zusammen: eine Million Tote, hunderttausende Invaliden. Außerdem macht der Krieg den Irak Saddam Husseins zur viertgrößten Militärmacht der Welt: Um den Iran des Ayatollah Khomeini zu bekämpfen, scheint den Arabern wie der westlichen Welt auch der Herrscher in Bagdad ein brauchbarer Bündnispartner; so versorgen sie ihn mit allem, was an Rüstung gut und teuer ist. Die Rechnung wird ihnen jetzt präsentiert.

Feuer und Flamme für die USA

Fanatische Araber rufen zum Heiligen Krieg gegen Israel und verbrennen die Flagge seiner Schutzmacht – vor allem seit dem amerikanischen Aufmarsch in der Wüste Saudi-Arabiens gehören Bilder wie diese zum Alltag. Die Supermacht ist verhaßt, die Araber sehen in ihr den Nachfolger der Kolonialmächte. Saddam Hussein dagegen, dem die Massen zujubeln, ist für sie der Held, der die arabische Nation wieder vereinigen und zu alter Größe zurückführen wird. Besonders in Jordanien, dessen Volk sich von Israel seit Jahrzehnten gedemütigt fühlt, schlagen die Wellen der antiamerikanischen Hetze hoch. Fanatische Moslems sehen in den USA den Satan selbst. Welchen Zulauf werden sie noch bekommen?

GERHARD THOMSSEN

Erdöl

Der Stoff, aus dem Konflikte sind

Seit Jahrtausenden ist der schwarze, klebrige Stoff den Menschen im Nahen Osten bekannt. Schon Noah soll die Planken seiner Arche, wie die Bibel überliefert, mit Pech abgedichtet haben. Auch in den Aufzeichnungen Herodots findet sich der Hinweis auf eine, wie wir heute sagen würden, bitumenartige Masse, die beim Bau der Mauern von Babylon verwendet wurde. Von Erdlöchern voll von einem geheimnisvollen, teerartigen Brei berichtete auch Alexander der Große, als er von seinen Feldzügen in Mesopotamien und Persien zurückkehrte. Daß der Stoff aus der Erde auch vorzüglich brennt, machten sich im Jahr 670 die Bewohner von Konstantinopel zunutze: Sie bewarfen ihre islamischen Belagerer mit ölgefüllten Tonkrügen, die sie vorher anzündeten. Mit dem „griechischen Feuer" führten die Byzantiner den ersten „Ölkrieg" der Geschichte. Sie wehrten die arabischen Angreifer mit ihren Brandbomben erfolgreich ab.

Auf welch gewaltigen Ölvorkommen die Völker des Nahen Ostens lebten, begannen sie erst Jahrhunderte später zu erahnen. 1871, zwölf Jahre, nachdem der Amerikaner Edwin Drake in Titusville im US-Staat Pennsylvania die erste größere Quelle der Welt angebohrt und damit den großen Run auf das schwarze Gold ausgelöst hatte, berichteten europäische Geologen begeistert von zahlreichen Teerkuhlen und kleineren Ölaustritten an der Erdoberfläche, die sie in Mesopotamien entdeckt hatten. An groß angelegte Bohrversuche dachte zu der Zeit indes niemand. Die Ausbeutung möglicher Quellen in den zum Teil rauhen und unerschlossenen Regionen zwischen Euphrat und Tigris schien jahrelang nicht rentabel. Gleichwohl begannen die durch den Öl-Boom in der Neuen Welt inzwischen zu enormem Reichtum gelangten Magnaten und Gesellschaften mit den türkischen Potentaten – die damals noch über das Gebiet zwischen Euphrat und Tigris herrschten – und dem Schah von Persien um Konzessionen und Schürfrechte zu feilschen.

Inzwischen ist die Geschichte vom ersten großen Ölfund in den Wüsten des Nahen Ostens schon Legende. Aber so viel scheint daran wahr zu sein: Den ganzen Sommer 1927 hatte eine Handvoll Männer unter der Leitung des Texaners Harry Winger in der Nähe von Baba Gurgur, rund 200 Kilometer nördlich von Bagdad, eine Bohrung nach der anderen in den Sand gesetzt. Auf nichts als auf ein unterirdisches Salzwasservorkommen waren sie gestoßen – von Öl keine Spur. Den Erzählungen nach sollte es der letzte Versuch sein: Der Bohrmeißel quälte sich gerade in 500 Metern Tiefe durch das Gestein, als sich in das mahlende Geräusch plötzlich ein leises Glucksen mischte. In wenigen Sekunden schwoll das Gurgeln zu einem tosenden Gebrüll an, und unter unvorstellbarem Druck jagte eine schwarze Fontäne durch die Sondenöffnung in den blauen Wüstenhimmel, an die 70 Meter hoch. Im Umkreis von fünf Kilometern versank alles in einem schwarzen Schlamm, und es dauerte neun Tage, bis die Männer am 27. Oktober 1927 den Ausbruch des Öls endlich unter Kontrolle hatten. Ihr Bohrmeißel war in das Kirkuk-Feld eingebrochen, eins der größten Vorkommen der Welt, das noch heute ausgebeutet wird.

Damit war plötzlich ein neues Öl-Dorado ins Blickfeld der Welt gerückt, und ein Mann, der bis dahin 37 Jahre lang um Ölkonzessionen im Nahen Osten geschachert hatte, brachte es mit seinem Geschick, fast immer dabei zu sein, wenn Förderrechte vergeben wurden, zu unermeßlichem Reichtum: der Armenier Calouste Sarkis Gulbenkian, der berühmte „Mister Five Percent".

Der gerissene Armenier war so etwas wie die rechte Hand der damals schon mächtigen und einflußreichen Männer im Ölgeschäft. Einige von ihnen hatten es schon zu legendärem Reichtum gebracht, etwa John D. Rockefeller mit seiner Standard Oil, der Holländer Henri Deterding, Boß der Royal Dutch Shell, die Rothschilds, die bei den großen Deals oft als Finanziers dabei waren, oder die schwedischen Brüder Nobel, die im Kaukasus Öl förderten. Die uneingeschränkte Macht auf beinahe allen Ölfeldern der Welt hatten sich indes die „Sieben Schwestern" erobert, wie die Ölgesellschaften etwas verniedlichend genannt wurden: die fünf US-Gesellschaften Standard Oil of New Jersey (die heutige Exxon), Mobil Oil, Texaco, Standard Oil of California (Socal), Gulf Oil, die britische BP und die britisch/holländische Royal Dutch Shell.

Schon damals erkannten die noch jungen Öl-Multis, daß ein friedfertiges Arrangement weit profitträchtiger sein mußte als der harte und damit kostspielige Wettbewerb um Quellen und Abnehmer. Das holländische Sprichwort „Zusammenarbeit verleiht Macht" war die Devise von Henri Deterding, und Calouste Gulbenkian hatte die zündende Idee, wie sich daraus am meisten Profit schlagen ließ: Bei Gesprächen mit den Öl-Syndikaten in Paris kreiste der Armenier mit einem roten Stift auf einer Landkarte das Gebiet von Syrien und dem Irak im Norden einschließlich der arabischen Halbinsel ein und schlug vor, daß die Gesellschaften die Konzessionsvergabe und die Ausbeutung der Quellen in diesem Bereich untereinander abstimmen sollten. Das sogenannte „Red-Line-Abkommen" wurde schließlich am 21. Oktober 1928 bei einem Sektfrühstück unterzeichnet. Als Lohn für seinen Anteil an diesem Agreement kassierte Gulbenkian fünf Prozent der geförderten Menge und wurde ein steinreicher Mann, der bis zu seinem Tod 1956 niemals das Gebiet seines größten Triumphes, das Ölfeld Kirkuk, betreten hatte.

Das Red-Line-Abkommen hatte im wesentlichen eine Konsequenz, die bis in die sechziger Jahre Bestand hatte: Es sicherte den Ölgesellschaften so ziemlich jeden Einfluß auf die Ölvorkommen im Nahen Osten. Und die waren, wie sich bald herausstellen sollte, gewaltig. 1932 stieß man in Bahrain auf Öl, kurz darauf in Kuwait, das damals britisches Protektorat war. In Saudi-Arabien entdeckten die Ölsucher kurz darauf Quellen in bis dahin ungeahnten Ausmaßen.

Die „Sieben Schwestern" schlugen fortan in dieser Region alles aus dem Feld, was sich ihnen entgegenstellte. Dabei konnten sie stets auf die US-Regierung als starken Partner rechnen, denn schon damals waren die Interessen der USA und die der Ölgesellschaften so eng miteinander verflochten, daß nur schwer auszumachen war, wer eigentlich wen führte. Die strategische Bedeutung des Öls war spätestens im Ersten Weltkrieg deutlich geworden, in dem die Alliierten, wie es der britische Lord Curzon ausdrückte, „dem Sieg auf einer Welle Öl entgegengeschwommen sind". Seither sorgten die Amerikaner mit ihrer Außenpolitik immer wieder dafür, daß ihre Gesellschaften weltweit ungehindert zum Zuge kommen konnten. Die Regierung in Washington vertrat die Überzeugung, daß ausländisches Öl in Händen der US-Gesellschaften bestens aufgehoben sei, ganz im nationalen Interesse der Amerikaner. Wenn es doch einmal beim Pokern um Verträge und Konzessionen Probleme gab, half das State Department mit mehr oder weniger sanftem Druck nach.

Wenn sie sich auch gelegentlich zankten und auch immer wieder versuchten, sich durch feingesponnene Intrigen den einen oder anderen Vorteil abzujagen – die „Sieben Schwestern" räumten im Ölgeschäft im großen Stil ab. Sie brachten es auf schier unglaubliche Zuwachsraten und Profite. So nahm Mitte der zwanziger Jahre eines der verblüffendsten Beispiele wirtschaftlicher Expansion in der Geschichte der Menschheit seinen Lauf. Der Nahe Osten wurde zur wichtigsten Operationsbasis für die Ölversorgung der ganzen Welt. Die Völker indes, die auf den Reichtümern lebten, waren beim Kampf der Großmächte ums schwarze Gold bestenfalls Zaungäste.

Das Zeitalter des „sorglosen Öls" begann, und es reichte bis in die fünfziger Jahre. Erneut zeigte sich die strategische Bedeutung des Öls: Es verschaffte den Alliierten im Zweiten Weltkrieg am Ende die kriegsentscheidende Überlegenheit über Deutschland, das auf die spärlichen Quellen im besetzten Rumänien und auf kostspielige Verfahren der Ölgewinnung aus Kohle angewiesen war.

1950 förderten die Länder des Nahen Ostens 87,5 Millionen Tonnen Öl, immerhin schon mehr als ein Drittel der Förderung in der westlichen Welt. Und nirgendwo sonst war der schwarze Stoff billiger aus der Erde zu holen, das Barrel Öl (159 Liter) kostete die Fördergesellschaften nicht mehr als ein paar lumpige Cent. Von dem Reichtum, den die Multis einsackten, sahen bestenfalls die feudalen Herrscher einen Teil. Wenn etwa dem saudischen König Ibn Saud einmal die Dollars für seine verschwenderische Hofhaltung ausgegangen waren, halfen die Amerikaner schon mal mit kräftigen Finanzspritzen aus. Im übrigen zogen die westlichen Industrieländer, um ihren Gesellschaften die Vorherrschaft in dem gigantischen Ölboom zu sichern, die klassischen Register ihrer damaligen Außenpolitik: Einmal beriefen sie sich auf eine angebliche Anfälligkeit der Länder im Nahen Osten für den Kommunismus, ein anderes Mal mußte die Verletzung der Menschenrechte herhalten, um die politische und wirtschaftliche Präsenz in der Region zu begründen. Die Frage der Menschenrechte konnte einige Jahre später US-Präsident Jimmy Carter freilich nicht davon abhalten, den Schah von Persien in Tischreden zu loben und zu stützen, obgleich der nur wenige Tage zuvor in Teheran Tausende von Regimegegnern von seinen Geheimdienstschergen brutal hatte niedermachen lassen.

Schließlich geschah doch alles, um die Industriestaaten billig mit dem kostbaren Öl versorgen zu können. Denn die Energie fast zum Nulltarif war eine wesentliche Voraussetzung für den Wirtschaftsboom in den fünfziger Jahren, dessen Tempo alles übertraf, was bis dahin für möglich gehalten wurde. Sorglos wurde das Öl verpulvert. Die Amerikaner produzierten Unmengen davon, die Quellen in Venezuela und Mexiko sprudelten kräftig, und aus den Wüsten des Mittleren Ostens wurde gepumpt, was die Förderanlagen hergaben – 1960 stieg die Produktion auf 265 Millionen Tonnen. Nicht mehr als knapp zwei Dollar löhnten die „Sieben Schwestern" pro Barrel, gemessen an den derzeitigen Kosten von rund 30 Dollar mehr als geschenkt.

Doch mit den Schleuderpreisen kam schleichend und, ohne daß es die Profiteure im Ölgeschäft zunächst merkten, langsam das Ende des „sorglosen Öls". Die Ölschwemme drückte auf die Preise, und in den Förderländern wuchs der Protest gegen die Ausbeutung durch die Öl-Multis. Die nämlich reagierten nach dem Gesetz von Angebot und Nachfrage und senkten die Preise, um den anschwellenden Ölstrom noch absetzen zu können. Und selbstgefällig, wie sie waren, drückten die „Sieben Schwestern" – die Anfang der fünfziger Jahre 98 Prozent des Weltölmarktes kontrollierten – die Mindereinnahmen den Förderstaaten aufs Auge, die am Ende mit 80 Cents pro Barrel vorliebnehmen mußten.

Mohammed Mossadegh, Führer der „Nationalen Front" im Iran, war der erste, der gegen das allmächtige Kartell aufbegehrte. Als Wortführer der anti-britischen Bewegung hatte er 1951 im Parlament die Verstaatlichung der anglo-iranischen Ölgesellschaft durchgesetzt. Als Ministerpräsident machte sich Mossadegh daran, den Einfluß des Schahs einzuschränken, der vorübergehend sogar das Land verlassen mußte. Doch ein Boykott der internationalen Ölabnehmer trieb den Iran an den Rand des Staatsbankrotts. Im Interesse billigen Öls wurde der renitente Widersacher schließlich mit tätiger Hilfe des US-Geheimdienstes CIA erledigt: Von einem Militärtribunal abgeurteilt, landete Mossadegh im Gefängnis. Schah Reza Pahlewi konnte wieder auf dem Pfauenthron Platz nehmen, bis zu seinem Sturz im Januar 1979 ein treuer Sachverwalter der amerikanischen Ölinteressen am Golf.

Den entscheidenden Stoß gegen ihre Ölmacht im Mittleren Osten verschliefen dann die westlichen Industrieländer – oder sie wollten ihn einfach nicht wahrhaben. Nachdem Exxon-Chef M. J. „Jack" Rathbone im August 1960 wieder einmal Preissenkungen verkündet hatte, war für die Förderländer das Maß voll. Es war der 14. September 1960, als das Zeitalter des „sorglosen Öls" in die Epoche des „feindlichen Öls" überging: An diesem Tag gründeten die Ölländer in Bagdad die „Organisation of Petroleum Exporting Countries" (OPEC) und beschlossen, künftig gemeinsam die ausbeuterische Strategie der Multis zu bekämpfen. Auf großes Medien-Interesse stieß der Pakt der Ölländer nicht, die „New York Times" etwa berichtete darüber eher beiläufig, und das erst 14 Tage später. Kaum einer nahm von der Organisation Notiz, schon gar nicht in den Zentralen der Öl-Multis. „Am Anfang taten die so, als ob es die OPEC gar nicht gäbe", berichtete später der erste Generalsekretär der Organisation, Fuad Rouhani.

Das sollte sich ändern, wenn auch nur langsam. Ein Jahrzehnt lang war die OPEC kaum mehr als eine Informationszentrale für ihre Mitglieder, dem Preisverfall auf dem Weltölmarkt hatte sie zu der Zeit nichts entgegenzusetzen. Bis ein eher winziges Ereignis die Ölförderländer auf einen Schlag bewußt werden ließ, daß ihr Öl eine gefährliche Waffe war: Im Mai 1970 beschädigte ein Bulldozer eine Pipeline, durch die das flüssige Gold vom Persischen Golf quer durch die saudische Wüste ans Mittelmeer gepumpt wurde, bestimmt für Europa. Da Tankschiffe seit dem ägyptisch-israelischen Konflikt von 1967 den Suez-Kanal noch nicht wieder passieren konnten, war Europa plötzlich vom Lebenssaft aus dem Nahen Osten abgeschnitten. Libyens neuer Diktator Muammar al-Gaddafi nutzte sofort die Gelegenheit und preßte den Gesellschaften, die nun auf sein Öl angewiesen waren, höhere Preise ab. Ein paar Cent nur, aber immerhin.

Die nächste Runde, die im Februar 1971 in Teheran stattfand, brachte dann schon mehr. Erstmals trotzten die OPEC-Länder dem Westen gemeinsam eine Preiserhöhung ab. 55 Cent pro Barrel (der Preis kletterte von 1,22 auf 1,77 Dollar) würden uns heute kaum mehr als ein müdes Lächeln entlocken, und keine Börse der Welt würde darauf reagieren – für damalige Verhältnisse jedoch war ein halber Dollar ein stattlicher Sprung. Zumal damit eindeutig der Trend gekippt war: Das Öl wurde nicht mehr billiger, sondern, gesteuert von einem Kartell, immer teurer.

Dramatisch wurde es für die Ölgesellschaften dann im Sommer 1973. Der saudische König Faisal, im Konflikt um die Ölpreise bis dahin eher moderat und den Amerikanern durchaus wohlgesonnen, befürchtete eine Isolierung seines Landes in der arabischen Welt. Was den König zu einer Kurskorrektur veranlaßte: Würden die USA nicht mehr für die arabische Sache tun, warnte er im Mai 1973 ein paar US-Manager der Fördergesellschaft Aramco, würde es um die amerikanischen Interessen im Mittleren Osten „aussichtslos bestellt" sein. Die Warnung, von den besorgten Ölbossen sofort ans Weiße Haus weitergegeben, bewirkte freilich nichts. Präsident Richard Nixon hatte andere Sorgen, als sich näher mit der Lage im Nahen Osten zu befassen. Ihn plagte der Watergate-Skandal.

Dann ging alles blitzschnell: Am 6. Oktober 1973 griff Ägypten israelische Stellungen am Suez-Kanal an, zehn Tage später reagierten die arabischen Länder und kürzten ihre Förderung um 5 Prozent. Am 19. Oktober erfuhr König Feisal von Nixons Entscheidung, Israel mit Waffen für 2,5 Milliarden Dollar zu unterstützen, und drosselte daraufhin die Förderung in seinem Land um 25 Prozent. Er rief die Bruderländer auf, die westliche Welt durch einen gemeinsamen Lieferboykott für ihre pro-israelische Haltung zu bestrafen. Obgleich der Lieferausfall aus den arabischen Ländern nur etwa zehn Prozent der Weltförderung ausmachte, packte die Industrieländer eine Panik: Hatte vor dem Jom-Kippur-Krieg das Barrel Öl noch knapp 3 Dollar gekostet, schoß der Preis auf den internationalen Märkten innerhalb kürzester Zeit vorübergehend auf knapp 30 Dollar. Für eine Ölknappheit (die genaugenommen weit weniger dramatisch war) gab es in den Industrieländern keine fertigen Krisenszenarien. Die Regierungen reagierten hilflos. In der Bundesrepublik gab's das bekannte Sonntagsfahrverbot, und die Amerikaner ließen ihren Außenminister Kissinger laut darüber nachdenken, ob nicht eine militärische Intervention im Nahen Osten angebracht sei, um die Versorgung des Westens mit billigem Öl zu sichern.

Die erste Schlacht im Krieg um das Öl des Nahen Ostens hatten die OPEC-Staaten gewonnen – mit dem Öl als Waffe. Als sie im März 1974 den Lieferboykott beendeten, setzten sie noch mal kräftig die Preise hoch. Unter 10 Dollar war fortan das Barrel nicht mehr zu haben. Und gebannt warteten die Verbraucher und Politiker im Westen auf die Ergebnisse der OPEC-Konferenzen, die jedesmal, so sicher wie das Amen in der Kirche, neue Preissprünge verkündeten. Den Politikern in den Industrieländern blieb nichts anderes übrig, als sich auf Krisenmanagement zu verlegen. Der Anstieg der Ölpreise hatte die Konjunktur längst abgewürgt. Die gelehrten Ökonomen erfanden den Begriff „Strukturkrise" und erklärten den Anstieg der Inflation, der Arbeitslosigkeit und der Firmenpleiten mit den dramatisch gestiegenen Rohstoffkosten. Niemand hatte ein Rezept gegen die verheerenden Folgen der Ölpreisexplosion, weil der kostbare Stoff aus dem Nahen Osten nicht von einem Tag auf den anderen ersetzt werden konnte.

Nach zwei Jahren relativer Ruhe an der Ölfront – nicht wenige Ölfachleute prognostizierten bereits das Ende des Konflikts zwischen der OPEC und den Verbraucherländern – ging der Kampf 1978 in die nächste Runde. Freilich schon mit einer differenzierten Haltung der OPEC. Die Ölförderländer waren sich in ihrer Strategie nicht mehr einig, in Wahrheit war das Kartell schon zerbrochen. Einmal abgesehen von fundamental verschiedenen politischen Auffassungen gab es in der OPEC die Gruppe der Falken, die durch weitere Produktionskürzungen die Preise noch höher treiben wollten, und es gab die moderaten Vertreter, die eher auf eine Kooperation mit den Industrieländern setzten. Die Preissprünge in den Jahren 1978 und 1979 waren dann auch nicht mehr das Resultat der Einigkeit im Lager der OPEC, sondern eher ihrer Zerstrittenheit.

Als dann der Schah von Persien aus dem Land gejagt wurde, kam es auf dem Weltmarkt erneut zu einer angespannten Lage. Die Arbeiter der iranischen Ölindustrie, die beim Sturz Reza Pahlewis eine Schlüsselrolle gespielt hatten, drehten nämlich kurzerhand den Exporthahn zu. Die Preise rasten wieder nach oben, die Ölländer verlangten von den Verbraucherländern, was sie rausschlagen konnten. Im April 1980 kletterte der Ölpreis schließlich auf Rekordniveau: Das Barrel „Arabian Light" kostete damals kurzfristig knapp 40 Dollar.

Mit der zweiten Preisexplosion wurde auch auf dramatische Weise deutlich, daß reiche Vorkommen in den arabischen Staaten die Begehrlichkeit ihrer Nachbarn weckte. Nur wer über die Quellen im Nahen Osten herrschte, konnte der große Führer einer mächtigen panarabischen Welt werden und die Gegner im Westen in die Knie zwingen. Die bisherige Macht der OPEC versuchten die radikalen Cliquen um Muammar al-Gaddafi, den iranischen Revolutionsführer Khomeini und Iraks Diktator Saddam Hussein durch militärische Drohgebärden gegen den verhaßten Westen, aber auch gegen ihre Bruderstaaten zu ersetzen. Der erste, der im Namen Allahs und des Öls einen Nachbarn überfiel, war dann bekanntlich Saddam Hussein, als er 1980 den acht Jahre währenden Krieg gegen den Iran entfesselte. Der Ölsegen des Nahen Osten geriet zum Fluch für seine Völker.

Zumal der dollarspendende Ölboom längst zu Ende war. Zwar prognostizierten einige Ölexperten Anfang der achtziger Jahre noch Ölpreise von 65, ja sogar von 100 Dollar pro Barrel. Doch die Preise stiegen nicht mehr, im Gegenteil, sie purzelten. Die Ölknappheit in den siebziger Jahren hatte bei den Verbrauchern eine wahre Sparwut ausgelöst, und auch die Industrie, zu der Zeit immer noch von einer konjunkturellen Flaute gebeutelt, orderte bei den Förderländern im Nahen Osten weniger als vor dem ersten Preissprung 1973. Darüber hinaus setzten die Industrieländer auf alternative Energiequellen, auf die Atomenergie und auf die heimische Kohle, und die Europäer besannen sich ihres Nordseeöls. Ende der siebziger und Anfang der achtziger Jahre wurden so viele neue Bohrungen niedergebracht wie schon seit Jahrzehnten nicht mehr.

Die Ölförderländer des Nahen Ostens waren es dann auch noch selbst, die der schleppend verlaufenden Konjunktur im Westen wieder neuen Schwung gaben. Seit Jahren schwammen sie buchstäblich im Geld, das sie mit vollen Händen vor allem in Europa und den USA ausgaben. Schätzungsweise 300 Milliarden Petrodollar wurden in jenen Jahren in den westlichen Ländern investiert, die steinreichen „Ölscheichs" kauften, was gut und teuer war: Sie kauften sich in westliche Konzerne ein, erwarben Hotels, Bürotürme, ganze Straßenzüge, Maschinen und Anlagen und ließen daheim Flughäfen, Autobahnen und Häfen bauen. Und vor allem: Sie waren gerngesehene Gäste westlicher Rüstungskonzerne und Militärschauen.

So ist es kein Wunder, daß manche Ölförderländer, als die Preise Mitte der achtziger Jahre auf unter 15 Dollar pro Barrel abgesackt waren, ihre Haushalte aus den laufenden Öleinnahmen nicht mehr finanzieren konnten. Die dritte Runde im Kampf um das Nahost-Öl ging, so gesehen, an die westlichen Verbraucherländer: Sie hatten sich in einem hohen Maß von den Lieferungen aus dem Mittleren Osten unabhängig gemacht und sich von dem konjunkturellen Einbruch der siebziger Jahre erholt.

Um so heftiger entbrannte der Streit um die gewaltigen Ölvorkommen im Nahen Osten unter den arabischen Bruderländern. Kuwait konnte sich vor zwei Jahren nur mit Hilfe der Amerikaner des Irans erwehren. Auch die Erben Khomeinis hätten die Quellen des kleinen Scheichtums zu gern unter ihre Kontrolle gebracht. Dann nämlich hätten sie die Versorgung ihres Erzfeindes USA, der nach wie vor keinen Zweifel an seinem vitalen Interesse am Nahost-Öl aufkommen ließ, stoppen und die Machtkarte Öl auf den Weltmärkten ausspielen können. Doch die Amerikaner zeigten Zähne: Sie ließen die Supertanker im Golf kurzerhand unter US-Flagge laufen und schickten zur Bewachung der Transporte Kriegsschiffe in den Golf.

Nach dem verlustreichen und kostspieligen Feldzug gegen den Iran mußte auch Saddam Hussein erkennen, daß er in seinem Land zwar auf dem drittgrößten Ölvorkommen der Welt sitzt, den Reichtum aber nicht nutzen kann. Die Wirtschaft des Irak lag am Boden, und das Land war hochverschuldet. 40 Milliarden Dollar, die ihm Kuwait für seinen Krieg gegen den Iran gepumpt hatte, die reichen Quellen des kleinen Emirats und vor allem ein strategisch wichtiger Zugang zum Golf waren für den Räuber aus Bagdad am Ende Grund genug, seinen Nachbarn zu überfallen. Daß er damit die USA herausforderte, nahm Saddam Hussein billigend in Kauf. Die offene Schlacht gegen den übermächtigen Gegner um die Interessen am Golf, nämlich um das Öl, konnte ihm in der arabischen Welt nur Sympathien einbringen. Wie der Krieg auch immer enden wird, einige Verlierer und Sieger stehen schon fest. Verloren haben die, die unter dem Bombenhagel und im Kanonenfeuer ihr Leben lassen mußten, und gewonnen haben, wie immer, die Ölgesellschaften, die schon im vierten Quartal des vergangenen Jahres exorbitante Gewinnsteigerungen melden konnten.

Öl aus der persischen Wüste

In den dreißiger Jahren dieses Jahrhunderts beginnen westliche Gesellschaften in den Golfstaaten mit der systematischen Erschließung der größten bisher bekanntgewordenen Ölfelder der Welt. Das Foto zeigt das erfolgreiche Niederkommen einer Bohrung in der persischen Wüste. Eine gewaltige Fontäne aus Öl, Gas, Schlamm und Salzwasser schießt unter ungeheurem Druck aus der Tiefe hervor. Oft kommt es in solchen Augenblicken zu verheerenden Explosionen, bei denen das austretende Öl in Brand gerät und nur unter allergrößten Schwierigkeiten wieder gelöscht werden kann. Das große Geschäft mit dem Öl aus dem Nahen Osten teilen sich jahrzehntelang sieben westliche Unternehmen. Fünf davon sind amerikanisch, eines ist die britische BP, eines das britisch-holländische Gemeinschaftsunternehmen Royal Dutch Shell.

Stacheldraht hielt den Feind nicht ab

Das Emirat Kuwait mit seinen reichen Ölvorkommen war bis 1961 britisches Protektorat. Seit der Unabhängigkeit des Wüstenstaates machte der Irak mehrfach Ansprüche auf Kuwait geltend. Mit dem Einmarsch irakischer Truppen und dem dadurch im Januar 1991 ausgelösten Golfkrieg ist das Schicksal vieler kuwaitischer Ölquellen wie dieser Anlage in Ahmadia ungewiß. Mehrere Quellen, aus denen über lange Pipelines Erdöl zu den Verladestationen floß, werden in den ersten Kriegstagen zerstört – entweder von den Irakis oder durch Bomben der alliierten Truppen. Aus einigen Pumpstationen lassen die irakischen Besatzer das flüssige Gold der Kuwaitis in den Golf fließen und richten damit eine der größten Umweltkatastrophen an, die es je gegeben hat.

Eine Industrie in der Wüste

Buchstäblich aus dem Wüstenboden wurde in Saudi-Arabien in den letzten Jahrzehnten eine riesige Industrie zur Förderung und Weiterverarbeitung von Erdöl gestampft — so bei Dschidda, Er-Rida und Damman. Auch bei Jubail am Persischen Golf und Janbo am Roten Meer sind gewaltige Industriekomplexe im Entstehen. Der noch durch eine absolutistische Monarchie regierte Wüstenstaat verfügt über die vermutlich umfangreichsten Ölvorkommen der Erde, rund 29 Prozent der gesamten Weltreserven. Zeitweilig wurden bis zu 500 Millionen Tonnen pro Jahr gefördert, ehe sich die Regierung aus preispolitischen Gründen zu niedrigeren Förderquoten entschloß.

Luxusautos vor modernen Palästen

Als 1938 in Saudi-Arabien mit der Erdölgewinnung begonnen wurde, gehörte das Königreich auf der Halbinsel Arabien zu den ärmsten Ländern des Nahen Ostens. Steigende Einnahmen aus dem Ölgeschäft machten es dann zum reichsten weit und breit. In der Hauptstadt Riad und anderen Orten gehören palastartige Bauten moderner Architekten und davor parkende Luxuskarossen wie dieser Rolls Royce zum gewohnten Bild. Der vor allem von der weitverzweigten Herrscherfamilie des heutigen Königs Fahd vorgeführte pompöse Lebensstil stößt bei der ärmeren Bevölkerung anderer arabischer Länder zunehmend auf Kritik. Der irakische Diktator Saddam Hussein hat darum großen Erfolg bei den Massen, wenn er in Propagandareden von den Saudis fordert, ihren Reichtum mit den weniger wohlhabenden arabischen Staaten zu teilen.

350 SE

Ein Boykott fegt die Autobahnen leer

Leere Autobahnen am Darmstädter Kreuz. Die Bundesrepublik hat im Herbst 1973 wie auch andere europäische Staaten ein Sonntagsfahrverbot verhängt. Mit Einschränkungen des Straßenverkehrs reagieren die westlichen Länder auf einen Aufruf Saudi-Arabiens an die arabischen Ölförderländer, die westliche Welt wegen ihrer Unterstützung Israels im Krieg gegen Ägypten mit einem Lieferboykott zu bestrafen. Obwohl durch den Boykott nur etwa zehn Prozent der Weltförderung an Öl ausfielen, schnellte der Preis für das Barrel Öl (159 Liter) von knapp 7 Dollar vor dem Yom-Kippur-Krieg innerhalb weniger Wochen auf fast 30 Dollar herauf. Im März 1974 wurde der Lieferboykott aufgehoben, aber für 7 Dollar pro Barrel war fortan kein Öl mehr zu haben. Als der Iran nach dem Sturz des Schahs 1979 seine Öllieferungen stoppte, stieg der Barrel-Preis vorübergehend sogar auf fast 40 Dollar an.

535

Im Geleitzug durch den verminten Golf

Der 1980 vom irakischen Diktator Saddam Hussein gegen den Nachbarstaat Iran vom Zaun gebrochene erste Golfkrieg bedeutet eine neue Gefährdung für den Ölexport aus den Golfstaaten. Die zunehmende Verminung des Persischen Golfs machte das Befahren des Gewässers vor allem für Tankschiffe zu einem Himmelfahrtskommando. Aber auch der übrige Frachtverkehr ist schwer in Mitleidenschaft gezogen. Dem kleinen Ölemirat Kuwait wird von der Regierung in Teheran vorgeworfen, Saddam Husseins Krieg zu unterstützen und auf seinen Tankern irakisches Öl zu transportieren. Um die Kuwaitis vor Angriffen der Iraner zu schützen, gewähren die USA kuwaitischen Tankern Geleitschutz durch den Golf. US-Minensuch-Helikopter fliegen kuwaitischen Tanker-Geleitzügen voran, US-Kriegsschiffe begleiten sie. Mehrere iranische Schnellboote werden von US-Hubschraubern versenkt.

PETER THOMSEN

Rüstungsbasar Arabien

Von Ost und West gepäppelt und gefürchtet

Sie haben genügend Geld, sie haben modernste Waffen aus Ost und West, sie haben die materielle Überlegenheit und dazu gewaltige Bevölkerungsreserven. Sie haben sogar fähige militärische Führer. Aber Kriege gewinnen sie nicht.

Viermal sind Israels arabische Nachbarn seit dessen Gründung gegen dieses Land in den Kampf gezogen. Viermal wurden sie geschlagen – das letzte Mal lediglich etwas glimpflicher. Ein Sieg ist daraus, daß die Araber im Jom-Kippur-Krieg von 1973 den Gegner zunächst aus der Sinai-Halbinsel hinausdrängten, kaum zu machen. Nach elf Tagen kehrten die Israelis zurück und schlossen die Millionenstadt Suez samt der Dritten Ägyptischen Armee ein. Vor der Vernichtung wurden die 20 000 Soldaten nur durch einen schnellen Waffenstillstand gerettet, den der Uno-Sicherheitsrat allen Beteiligten aufzwang.

Wieder hatten die verhaßten Israelis triumphiert – samt ihrem altmodischen Sammelsurium von Militärgerät, ihrer personalknappen Armee und ihrer verwundbaren Staatsinsel inmitten des arabischen Meeres.

Obwohl der Staat Israel 1989 fast 35 Prozent seines Staatshaushalts für Verteidigung aufwendete, ist die absolute Summe nicht sehr eindrucksvoll. Sie würde gerade ausreichen, um – als Beispiel – einen einzigen der großen amerikanischen Flugzeugträger zu bezahlen. Erschwerend kommt hinzu, daß Israelis zu vielen Rüstungslieferanten keinen Zugang haben. So konnten sie bei der Beschaffung von Panzern, Schnellbooten und Jagdbombern nicht wählerisch sein. Kein Wunder, daß sie zu Meistern der „Materialerhaltung" wurden. Niemand hegt und pflegt seine Waffensysteme liebevoller als Israels Militärs. Niemand steckt mehr Mühe in Umbauten und Modernisierungen. Niemand hält seine Waffen länger im Dienst.

Israels Kriegsgegner waren wesentlich moderner ausgestattet. Die „Front-Staaten" erhielten nahezu alles, was sie begehrten, vom großen Bruder in Moskau. Kaum eine Lenkrakete wurde ihnen verweigert – bis hin zur 300 Kilometer weit reichenden Boden-Boden-Rakete vom Typ „Scud-B", die 1991 unter Saddam Hussein zu trauriger Berühmtheit gekommen ist. Ägyptische Piloten flogen in den siebziger Jahren den Mach-3-Aufklärer MiG-25 „Foxbat", als der im Westen noch ein gutgehütetes Geheimnis war. Wenn die MiG-25 damals über die Sinai-Wüste düste, besaßen die Israelis kein einziges Flugzeug, um die MiG einzuholen. Verdrossen mußten sie sich darauf beschränken, die Aufklärungsflüge auf dem Radarschirm mitzustoppen und die Meßergebnisse diskret den amerikanischen Verbündeten zu übermitteln.

Als Israels Abfangjäger im Jom-Kippur-Krieg 1973 nach dem Alarmstart zum Suez-Kanal rasten, um die ägyptischen Bodentruppen abzuwehren, da scheiterten sie an einem Sperriegel aus Sam-6-Raketen, der neuesten Errungenschaft aus der Sowjetunion. Die sechs Meter lange, radargesteuerte Rakete, auf einem Startfahrzeug hochmobil, war speziell gegen die Tiefflug-Taktik der Nato entwikkelt worden und versprach auch gegen Israels Luftwaffe, die ähnlichen Einsatzgrundsätzen folgt, Erfolg.

So kam es prompt. An die 100 israelische Flugzeuge schossen Ägypter und Syrer in diesem Krieg vom Himmel – ein untragbarer Verlust an Piloten und Material. Erst als Israels Elektronik-Spezialisten die Sendefrequenz herausgefunden hatten, auf der das Radar der Sam-6 seine Ziele suchte, nahm der Schrecken ein Ende. Die Israelis störten diese Frequenz massiv und unterdrückten so das Radar.

Bereits im Jom-Kippur-Krieg lernte die israelische Bevölkerung den Schrecken weitreichender Boden-Boden-Raketen kennen. Damals setzte die syrische Armee erstmals die sowjetische „Frog-7“ ein – eine neun Meter lange Artillerie-Rakete, die 250 Kilogramm konventionellen Sprengstoff 40 Kilometer weit transportierte. Die Syrer schossen damit auf die Städte Zefat, Tiberias und Migdal Haemek. Es gab nur deshalb keine Toten, weil Israels Zivilbevölkerung sich auf den Luftkrieg exzellent vorbereitet hatte und tagelang in Bunkern ausharrte.

Die Frog-7 hatte, wie ihr amerikanisches Gegenstück „Honest John“ aus den fünfziger Jahren, keine eigene Lenkung. Gezielt wurde mit dem kompletten Startfahrzeug, einem achträdrigen 20-Tonnen-Laster, dessen Lafette sich nach Höhe und Breite schwenken ließ. Ergebnis dieses primitiven Richtverfahrens war eine kilometerweite Streuung. Bei der ursprünglichen Version dieser Waffe – als Atomrakete – war diese Streuung akzeptabel. Der sowjetische Megatonnen-Sprengkopf war imstande, sein Ziel dennoch zu zerstören. Doch mit konventionellem Sprengkopf schloß das ungenaue Schießen jede militärische Verwendung aus. Die konventionelle Frog-7 war, ebenso wie später die Scud-B, nur als Terrorwaffe gegen Großstädte zu gebrauchen. Und selbst Großstädte sind, wie der Golfkrieg 1991 gezeigt hat, gelegentlich zu klein, um getroffen zu werden.

Falls etwas getroffen wurde, blieb der Schaden gegen eine Bevölkerung, die elementare Vorsichtsmaßregeln befolgte, lokal begrenzt. Gewöhnlich wurde ein Häuserblock zertrümmert. Was Hitlers Raketen-Krieger um Wernher von Braun schon im Zweiten Weltkrieg lernen mußten, teilte sich nun auch den Arabern mit: Raketen mit konventionellen Sprengköpfen machen keinen Sinn. Im Verhältnis zum Schaden, den sie anrichten können, ist ihre Produktion bei weitem zu aufwendig. Ein einziger Jagdbomber, etwa ein Tornado oder eine F-15 „Eagle“, trägt eine größere Last Sprengstoff über größere Entfernungen präziser ins Ziel – und das Hunderte Male, ehe er der Abwehr zum Opfer fällt. Militärisch knapp formuliert: Konventionell bestückte Raketen haben ein katastrophales Kosten-Nutzen-Verhältnis.

Über die Faszination, die Raketen dennoch auf arabische Soldaten ausüben, wurde viel spekuliert. Eine schlüssige Erklärung lieferte General Saaded-din Shazli, langjähriger Generalstabschef Ägyptens: „Für unsere Männer ist es einfacher, die Automatik einer Rakete in Gang zu setzen, als die komplizierte Technik einer MiG zu bedienen.“ So nahmen Araber jede High-Tech-Rakete, die sie kriegen konnten – auch aus dem Westen. Iraker deckten sich in Frankreich mit der zielsuchenden Luft-Boden-Rakete „Exocet“ ein, die speziell zum Angriff auf Schiffe entwickelt wurde. Die passende Trägermaschine Mirage F-1 nahmen sie gleich dazu. Iraner kauften zu Zeiten des Schah den amerikanischen Marine-Jäger F-14 samt der hochmodernen Bordrakete „Phoenix“, die Luftkämpfe über 100 Kilometer Distanz entscheiden kann – weit außer Sichtweite.

Zweifel an der Weisheit dieser Exportpolitik kamen erstmals im Januar 1980 auf, als der Schah gestürzt wurde und die Mullahs die Macht im Iran übernahmen. Da fragten sich die Generäle im Pentagon besorgt, ob ihre Rüstungsgeheimnisse in den richtigen Händen waren. Der Kalte Krieg war noch in vollem Gange. Konnte die Luftkampf-Rakete „Phoenix“ über die Mullahs etwa in sowjetische Hände geraten? Vier Jahre zuvor hatten die Pentagon-Gewaltigen eine abgestürzte F-14 mühselig aus der 600 Meter tiefen Nordsee gefischt, um eben dies zu verhindern.

Die Zweifel mehrten sich im Sommer 1987, als eine Kampfmaschine aus dem Irak die amerikanische Fregatte „Stark“ im Persischen Golf angriff – „aus Versehen“, wie es nachher hieß. Diese Region auf der Höhe von Dhahran war damals schon als „Mirage-Allee“ verrufen. Die „Stark“ machte merkwürdigerweise keinen Gebrauch von ihren Abwehrwaffen, wurde von zwei „Exocet“-Raketen getroffen und stand sofort in Flammen. 37 Seeleute starben in dem Inferno. Der Rest hatte alle Mühe, das Wrack über Wasser zu halten und in eine Werft zu schaffen.

Das Debakel wurde als Betriebsunfall abgebucht. Saddam Hussein lag damals mit dem Iran im Krieg. Er hielt die Mullahs in Schach – und nahm so vielen Regierungen die Sorge vor Khomeinis expansivem Fundamentalismus ab. Niemand erhob politische oder moralische Bedenken dagegen, daß Saddam Hussein, der den Krieg immerhin begonnen hatte, mit deutschen und französischen Kampfhubschraubern unter iranischen Infanteristen wütete. Niemand nahm Anstoß daran, daß Teherans Henker Tausende Regime-Gegner mit dem deutschen Gewehr G-3 von Heckler und Koch exekutierten, der offiziellen Standardwaffe der Bundeswehr. Moralische Einwände dagegen, daß die Soldaten beider Länder mit dem geländegängigen Unimog von Daimler-Benz an die Front rollten, wurden als unsachlich abgetan, da Lastwagen nicht als Waffen zu rechnen seien. So durfte der Irak ganz offiziell weiter im Westen einkaufen. Niemand bekam so richtig mit, daß in Bagdad ein blutrünstiger Diktator regierte, der sich zielstrebig auf die Vorherrschaft im Nahen Osten vorbereitete.

Unter seinem Präsidentenpalast ließ sich Saddam Hussein von deutschen Firmen einen prunkvollen Bunker betonieren, zu dessen Zerstörung eine nukleare Pershing 2 erforderlich wäre. Von

Des Kaisers starke Truppe

Iranische Marine-Infanterie in der Zeit des Schahs bei einer Parade in Teheran. Der Schah investierte in den siebziger Jahren Unsummen in seine Armee. Er unterhielt die weltweit größte Flotte von Luftkissen-Booten und kaufte die modernsten Jagdflugzeuge aus Amerika. Selbst vor israelischen Waffen scheute er nicht zurück, wie die Uzi-Maschinenpistolen auf dem Parade-Foto beweisen. Doch als der Schah 1979 gestürzt wurde und die Mullahs die Macht übernahmen, blieben Nachschub und technische Hilfe aus, und die technisch hochgerüstete Streitmacht verfiel rapide.

Kampf um den Suez-Kanal

1956 mischten sich zum letzten Mal ehemalige Kolonialmächte offen in die Nahost-Streitigkeiten ein: Nach der Verstaatlichung des Suez-Kanals durch Ägyptens Präsident Gamal Abd-al Nasser besetzten britische und französische Verbände die Kanal-Zone, um Nasser die lukrative Nutzung des Kanals wieder streitig zu machen. Hier sind französische Fallschirmjäger zu sehen, die mit gezogener Artillerie auf die Stadt Port Said vorgehen. Im Hintergrund brennen Öltanks. Der Einmarsch im Kolonial-Stil währte allerdings nur kurz. Nach zwei Monaten drohte die Sowjetunion mit Atomangriffen auf Paris und London. Als auch die USA jede Unterstützung des militärischen Vorstoßes unterließen, zogen sich Briten und Franzosen ergebnislos zurück.

Angst vor den Raketen

Arabische Armeen verteidigen ihren Luftraum lieber mit Raketen als mit Jagdflugzeugen, weil Raketen leichter zu handhaben sind und weniger Ausbildung erfordern. Sie ließen sich von der Sowjetunion das ganze Arsenal an Sam-Raketen zur Luftabwehr liefern. Diese elf Meter lange Sam-2 allerdings kam nicht mehr zum Start. Die Flüssigkeitsrakete, die zur Abwehr von Feind-Flugzeugen in großer Höhe gedacht war, wurde 1967 im Sechs-Tage-Krieg von israelischen Tieffliegern getroffen. Gegen Tiefangriffe war die Rakete, die 1960 den U-2-Spion Gray Powers aus 15 000 Meter Höhe vom Himmel geholt hatte, wehrlos.

Mit verbundenen Augen in die Gefangenschaft

Diese Syrer wurden 1973 im Yom-Kippur-Krieg an der Straße nach Damaskus von Israelis gefangengenommen. Im Einklang mit dem Kriegsvölkerrecht wurden ihnen die Augen verbunden, damit sie die israelischen Kriegsanstrengungen nicht beobachten konnten. Israel benötigte länger als eine Woche, um ein Mittel gegen die neuen Sam-6-Raketen (Flugabwehr) aus der Sowjetunion zu finden und den Suez-Kanal zu überwinden. Neutrale Beobachter sehen darin ein Indiz für die schwindende militärische Überlegenheit des Judenstaates.

‚Ungläubige‘ vor den Toren Mekkas

Es kostete die Saudis Überwindung, als sie im Herbst 1990 die alliierten Truppen gegen Saddam Hussein ins Land riefen. Die nach arabischem Verständnis „Ungläubigen“ schlugen ihre Zeltlager nicht weit von Mekka und Medina mit den für Moslems heiligen Pilgerstätten auf, um das Land vor irakischen Angriffen zu schützen. Die Verbündeten hatten mit der ungewohnten Umgebung ungewohnte Probleme: Panzer wie der amerikanische M-60 saugen tonnenweise Sand an, der in voluminösen Filtern abgeschieden werden muß. Andererseits erwies sich die ebene Wüste für den Panzerkrieg als günstig. Bei kilometerweiter Sicht kann schon der erste Schuß über Leben und Tod entscheiden.

Letzte Rettung vor Saddams „Scud"-Raketen

Obwohl die amerikanische „Patriot" als reine Flugabwehrwaffe entwickelt worden ist, bekommt sie im Golfkrieg Bedeutung als Anti-Raketen-Rakete. Die fünf Meter lange Lenkwaffe, die auch zum Arsenal der Bundeswehr gehört, zeigt sich fähig, die altertümlichen Scud-Raketen abzufangen, mit denen Iraks Diktator Saddam Hussein israelische und saudische Städte angreift. Voraussetzung dafür ist ein sekundenschnelles Zusammenspiel zwischen Frühwarn-Satelliten, die den Raketenstart melden, einer amerikanischen Weltraum-Bodenstation in Australien und den Feuerleit-Computern in der Patriot-Batterie. Die Scud trifft mit fünffacher Schallgeschwindigkeit ein; die Patriot eilt ihr mit dreifacher Schallgeschwindigkeit entgegen. Das Patriot-Radar führt beide Raketen zusammen, und der Sprengkopf der Patriot reißt die Scud in Stücke. Trümmerteile solcher computergesteuerten Raketen-Duelle, die im Luftraum von Großstädten stattfanden, haben in Riad und Tel Aviv Saudis und Israelis verletzt.

HEINRICH JAENECKE

Der Stachel

Israel und der Palästina-Konflikt

Vor fast hundert Jahren, im Februar 1896, erschien in Wien eine kleine Broschüre unter dem damals höchst befremdlichen Titel „Der Judenstaat". Die Schrift zählt zu den großen revolutionären Manifesten, die das moderne Zeitalter einleiteten. Sie löste eine Bewegung aus, die in alle Länder des europäisch-amerikanischen Kulturkreises ausstrahlte und schließlich zu einem Epizentrum wurde, das bis heute nicht zur Ruhe gekommen ist.

Verfasser des 86-Seiten-Pamphlets war Dr. Theodor Herzl, ein angesehener österreichischer Journalist, Feuilletonredakteur der „Neuen Freien Presse". Er entstammte dem gehobenen jüdischen Bürgertum, das nach der Emanzipation in den aufgeklärten Staaten West- und Mitteleuropas den Weg der „Assimilierung" beschritten hatte. Der Antisemitismus, so glaubten damals viele fortschrittlich gesinnte Juden, würde von selbst verschwinden, wenn sie ihre Absonderung, freilich nicht den Glauben, durch Integration in die nichtjüdische Gesellschaft aufgeben würden.

Daß diese Annahme eine Illusion war, erfuhr Theodor Herzl 1894 in Paris als Zeuge der Dreyfus-Affäre, über die er für seine Zeitung berichtete: In Frankreich, der zivilisiertesten Nation Europas, wo die Assimilierung am weitesten fortgeschritten war, brach der Antisemitismus wie ein böses Geschwür auf. Was mochte da erst unter der Oberfläche in anderen Länden lauern, ganz abgesehen von Rußland, wo just zu dieser Zeit blutige Pogrome tobten.

„Die Völker, bei denen die Juden wohnen, sind alle samt und sonders Antisemiten", schrieb Herzl in seinem Buch. „Ich glaube, man wird uns nie in Ruhe lassen." Es gebe nur einen Weg für die Juden, um sich ein für allemal von dem Leidensdruck zu befreien, dem sie seit der Zerstreuung ausgesetzt waren: Sie mußten einen eigenen Staat haben. Herzl: „Ich halte die Judenfrage weder für eine soziale noch für eine religiöse. Sie ist eine nationale Frage, und um sie zu lösen, müssen wir sie zu einer politischen Weltfrage machen, die im Rate der Kulturvölker zu regeln sein wird." Denn, so Herzls Kernsatz: „Wir sind ein Volk, *ein* Volk."

Diese Behauptung war das eigentlich Revolutionäre, und sie klang damals äußerst exzentrisch. Denn was verband einen liberalen westlichen Intellektuellen wie Herzl (der in seiner Wohnung zu Weihnachten einen Tannenbaum aufstellte) mit den orthodoxen Juden in den armseligen galizischen Gettos, die noch immer im tiefsten Mittelalter lebten – was einen jüdischen Großindustriellen wie den Berliner Emil Rathenau, den Gründer der AEG, mit einem analphabetischen Flickschuster in Minsk? Allenfalls der Glaube (meist lässig praktiziert im Westen), vielleicht noch das vage, eher unbehagliche Gefühl gemeinsamer historischer Wurzeln – aber ein Volk, eine Nation? Und nun gar ein Staat?

Die Idee löste in den intellektuellen jüdischen Kreisen zunächst Hohn und Spott aus. In Wien fand sich kein jüdischer Verleger, der bereit war, das „abstruse" Pamphlet zu drucken, so daß es Herzl schließlich bei einem kleinen christlichen Verlag herausbrachte. Doch sobald der „Judenstaat" erschienen war, wurde er ein Riesenerfolg. Es schien, als hätte die Zeit auf diese Idee gewartet. Sie zündete in wenigen Wochen in Tausenden von Köpfen. Es war die Geburtsstunde der zionistischen Weltbewegung (von „Zion", dem alttestamentarischen Namen für Jerusalem). Theodor Herzl wurde ihr erster Prophet und Organisator.

Es war keine Frage, daß der jüdische Staat in Palästina errichtet werden sollte, im Heiligen Land der Bibel, in „Eretz Israel", wenngleich Herzl als Alternative auch Argentinien vorgeschlagen hatte.

Palästina gehörte damals zum Osmanischen Reich, und nur einige zehntausend Juden lebten noch im Land der Väter. Es war klar, daß die Ansiedlung von Einwanderern und die eventuelle Errichtung eines Staatswesens nur mit Genehmigung der türkischen Obrigkeit erfolgen konnte. Herzl wandte sich deshalb um Vermittlung an den deutschen Kaiser Wilhelm II.

Der Kaiser empfing den Sprecher der Juden zweimal, in Konstantinopel und in Jerusalem. Er zeigte sich wohlwollend interessiert, denn er sah in Herzls Plänen einen eleganten Weg, um die Juden im eigenen Land loszuwerden – er war darin nicht antisemitischer als die ganze westliche Welt. Herzl selbst war geradezu fasziniert von Wilhelms bombastischer Erscheinung. Doch es blieb bei unverbindlichen Floskeln. Der Kaiser war nicht gesonnen, das deutsch-türkische Bündnis mit solch skurrilen Problemen wie der jüdischen Frage zu belasten.

Herzl wurde nur 44 Jahre alt. Der rastlose Kämpfer, der in allen europäischen Regierungskanzleien antichambrierte und selbst den Papst zu gewinnen suchte, starb 1904 an physischer Erschöpfung, von seiner Idee besessen bis zuletzt. „In Basel habe ich den Judenstaat gegründet", schrieb er nach der Tagung des ersten Zionistischen Weltkongresses, „in fünfzig Jahren wird es jeder einsehen".

Er sollte recht behalten, auch wenn das Unternehmen damals völlig aussichtslos schien. Der Erste Weltkrieg veränderte die Situation. Nach dem Zusammenbruch des Osmanischen Reiches wurde Palästina britisches Mandatsgebiet. Damit öffnete sich das Tor für die jüdische Einwanderung – zugleich aber auch für einen Konflikt, der allmählich die ganze Region in einen Brandherd verwandelte.

Grundlage der britischen Palästina-Politik war jene berühmte Erklärung des Außenministers Balfour aus dem Jahre 1917, die zwei unvereinbare Postulate miteinander in Einklang zu bringen suchte: Einerseits befürwortete London darin „die Errichtung einer nationalen Heimstätte für das jüdische Volk", zugleich aber versprach England den arabischen Palästinensern, daß „nichts getan werden wird, was die bürgerlichen und religiösen Rechte der bestehenden nicht-jüdischen Gemeinschaften beeinträchtigen könnte".

Dies war ein unauflöslicher Widerspruch, denn natürlich mußte die Errichtung einer jüdischen „Heimstätte" – was immer man darunter verstehen wollte – zur Umkehrung der Verhältnisse im Lande führen. Juden und Arabern gleichermaßen gerecht zu werden war ein Ding der Unmöglichkeit. Die einen oder die anderen mußten sich verraten fühlen, und am Ende einte sie nur noch der gemeinsame Haß auf England.

Die ersten „Kibbuzzim" (Gemeinschaftssiedlungen), vorwiegend sozialistischen Charakters, waren schon um die Jahrhundertwende gegründet worden. Jetzt stieg die „Aliyah" (Einwanderung) sprunghaft an. Die „Jewish Agency", die politische Organisation der Juden, kaufte Ländereien in großem Stil auf und legte strategische Wehrdörfer an, oft mitten im arabischen Siedlungsgebiet.

Stand das jüdische Bürgertum in Mitteleuropa dem zionistischen Gedanken bis dahin noch skeptisch bis ablehnend gegenüber, so zwang die beginnende Naziverfolgung nun auch die konservativen Juden zur Auswanderung. Viele Angehörige der jungen Generation gingen statt nach Amerika nach Eretz Israel und brachten ihren ganzen Idealismus in den Aufbau einer neuen Nation ein.

In seinem großen Israel-Roman „Diebe in der Nacht" schrieb Arthur Koestler damals: „Nationalismus? Unsinn – diese Erde bedeutet uns etwas anderes als was Kroatien den Kroaten oder Amerika den Amerikanern bedeutet. Sie sind mit ihren Ländern verheiratet; wir suchen eine verlorene Braut. Wir haben Heimweh nach einem Kanaan, welches uns nie wirklich gehörte. Deshalb sind wir immer die ersten bei der Jagd nach Utopien und messianischen Revolutionen, lechzen immer nach einem verlorenen Paradies. Ein Land ist der Schatten, den eine Nation wirft, und zweitausend Jahre hindurch waren wir eine Nation ohne Schatten."

In dieser heroischen Zeit der Pioniere, der Zeit zwischen den Weltkriegen, stieg die jüdische Bevölkerung Palästinas von 56 000 auf mehr als eine halbe Million und damit auf 30 Prozent der Gesamtbevölkerung. Tel Aviv, die jüdische Neugründung vor den Toren der alten Stadt Haifa, war am Vorabend des Zweiten Weltkriegs bereits auf 150 000 Einwohner angewachsen.

Die Araber begegneten der Invasion anfangs mit Mißtrauen, dann mit Ablehnung und schließlich mit offenem Haß. Der Konflikt hatte nicht nur eine ökonomische und machtpolitische Dimension, sondern in erster Linie eine psychologische. Es war der Zusammenstoß zweier Welten. Die jungen Zionisten, die alle Brücken ihrer bürgerlichen Herkunft hinter sich abgebrochen hatten, waren Umstürzler: respektlos, rücksichtslos wie alle Konquistadoren, unkonventionell, von einem missionarischen Eifer besessen – und sie stießen auf ein Land, das damals noch in einem tiefen orientalischen Dornröschenschlummer lag. Die jüdischen Einwanderer waren, obwohl sie sich auf einen Mythos beriefen, der in diesem Land geboren worden war, die Inkarnation des „Westens", und sie verkörperten damit all das, was jeder Araber aus der Tiefe seiner Seele haßte.

In den dreißiger Jahren kam es zum ersten großen Araberaufstand. Er wurde von der britischen Kolonialmacht blutig niedergeschlagen. Um die Araber zu beruhigen, schränkten die Briten in der Folge die jüdische Einwanderung ein und versprachen, auf die Teilung des Landes zu verzichten. Doch der Zweite Weltkrieg veränderte die Situation abermals.

Durch Hitler war die jüdische Frage zur Welt-

Die Juden feiern die Geburt Israels

Auf Jerusalems Straßen bejubeln die Menschen den Beschluß der Vereinten Nationen, im britischen Protektorat Palästina einen jüdischen Staat zu errichten. Zwei Jahre, nachdem der Zweite Weltkrieg beendet und das ganze Ausmaß der Judenvernichtung in Deutschland zu Tage gekommen ist, sollen die Juden endlich wieder eine Heimat bekommen. Die Briten erklären, daß ihre Hoheit im folgenden Jahr, am 14. Mai 1948, erlöschen wird. Aber der Beschluß der UN hat einen Haken: Er sieht eine Teilung des Landes vor in einen jüdischen und einen arabischen Teil, damit auch die Heimatrechte der Palästinenser gewahrt bleiben. Jerusalem soll internationalen Status bekommen. Beide Seiten, Juden wie Araber, lehnen den Plan ab. Kaum ist die Freude der Juden über den eigenen Staat verklungen, droht auch schon der Krieg.

Die Geschichte Israels beginnt mit einem Krieg

Im jüdischen Sektor von Jerusalem soll ein Meer von Stacheldraht Zusammenstöße zwischen Juden und Arabern verhindern. Gerade eben ist das britische Mandat für Palästina abgelaufen, David Ben Gurion hat am 14. Mai 1948 die Staatsgründung proklamiert. Am 15. Mai dringen Truppen der fünf arabischen Nachbarländer nach Palästina ein, besetzen die arabisch besiedelten Gebiete und rücken gegen jüdische Siedlungen vor. Aber Israel ist gut gerüstet. Statt von den Arabern überrollt zu werden, festigt der junge Staat seine Stellung, erobert weitere Gebiete hinzu, erkämpft sich einen Korridor nach Jerusalem und besetzt den Westteil der Stadt. Es ist der erste von fünf Kriegen gegen arabische Staaten, der Beginn einer Erzfeindschaft.

In den Lagern wächst der Haß

Eine armselige Zeltstadt: Das ist die neue Heimat der Palästinenser, die aus ihrer alten Heimat Palästina geflohen sind. 750 000 Araber haben ihre angestammten Siedlungen verlassen und werden von den arabischen Staaten bewußt in grenznahen Wüstenlagern kaserniert – als rachedurstige Reserve-Armee für den nächsten Krieg gegen Israel. Vor allem in den Lagern der Palästinenser wächst der Haß auf die Juden. Später rekrutiert hier die Palästinensische Befreiungsbewegung ihre Kämpfer für Guerilla-Einsätze an der Grenze, für Terror-Überfälle auf jüdische Siedlungen.

Sechs Tage, die die Welt verändern

Arabische Kriegsgefangene in israelischem Gewahrsam: Nachdem der ägyptische Staatspräsident Nasser am 22. Mai 1967 die Straße von Tiran im Roten Meer und damit den Zugang zum israelischen Hafen Eilat blockiert hatte, zerstörten die Israelis am Morgen des 5. Juni in einem Blitzangriff die ägyptische Luftwaffe. Bei den anschließenden Bodenkämpfen besetzte das israelische Heer zwischen dem 5. und 10. Juni 1967 die ägyptische Sinai-Halbinsel, den Ostteil Jerusalems und die jordanische Westbank sowie die strategisch wichtigen Golan-Höhen, die zu Syrien gehörten. Der israelische Sieg ist total, die militärische Überlegenheit erdrückend. Nach dem Waffenstillstand werden die Kriegsgefangenen ausgetauscht. Mit den Eroberungen bekommt Israel allerdings neue Probleme: Die arabische Bevölkerung läßt sich nicht integrieren. Der Ruf nach einem Palästinenser-Staat wird immer lauter – und blutiger.

Mit den Menschen stirbt in Beirut die Hoffnung

Bilder des Grauens in den palästinensischen Flüchtlingslagern Schatila und Sabra: Am 16. und 17. September 1982 werden mehr als tausend Menschen von den christlichen Milizen regelrecht abgeschlachtet – die israelische Armee duldet das Massaker, viele meinen, sie habe es sogar gewollt. Mit dem Einmarsch in den Libanon, der die Zerstörung der PLO zum Ziel hat, macht Israel alle Hoffnungen auf einen Frieden in der Region zunichte, die nach dem Abzug vom Sinai im April desselben Jahres noch einmal Auftrieb erhalten hatten. Aus dem bedrängten Judenstaat ist ein Aggressor geworden, der ohne Rücksicht auf Verluste in der Zivilbevölkerung Beirut bombardiert, belagert und schließlich besetzt. Das Gemetzel in Sabra und Schatila ist der grausige Höhepunkt.

Terror bis zum letzten Atemzug

Schreiend vor Schmerzen hebt die Terroristin die Hand zum Siegeszeichen, schwer verletzt von den Schüssen der Einsatzgruppe, die gerade die Lufthansa-Maschine „Landshut" auf dem Flughafen von Mogadischu befreit hat. Bis zuletzt hat sie auf die Befreier gefeuert, die einzige Überlebende des palästinensischen Terror-Kommandos, das am 13. Oktober 1977 die Maschine mit 86 Fluggästen und fünf Besatzungsmitgliedern in ihre Gewalt gebracht hat. Sie fordern die Freilassung von zwei Palästinensern, die in der Türkei einsitzen – und die Freilassung der in der Bundesrepublik inhaftierten RAF-Terroristen, dazu fünfzehn Millionen Dollar. Im Gegenzug sollen der entführte Hanns-Martin Schleyer und die Geiseln der „Landshut" freigelassen werden. Aber die Bundesregierung lehnt ab: Am 18. Oktober stürmt eine Truppe der GSG-9 das Flugzeug und befreit die Geiseln. Wenige Stunden später entdecken Beamte im Zuchthaus Stammheim die Leichen von Jan-Carl Raspe, Gudrun Ensslin und Andreas Baader. Am 19. Oktober findet die Polizei die Leiche von Hanns-Martin Schleyer. Ist das der Sieg, den die Terroristin in Mogadischu gemeint hat?

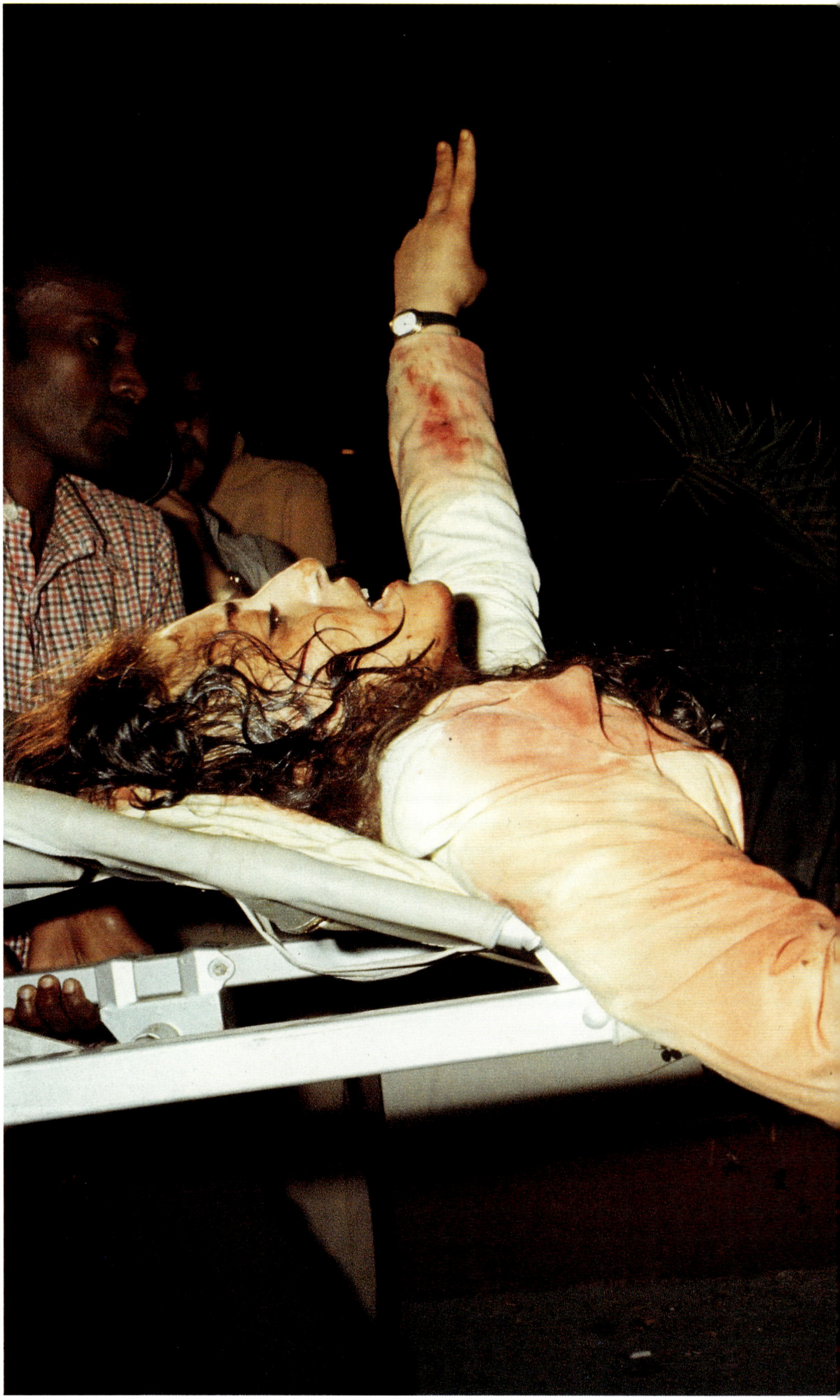

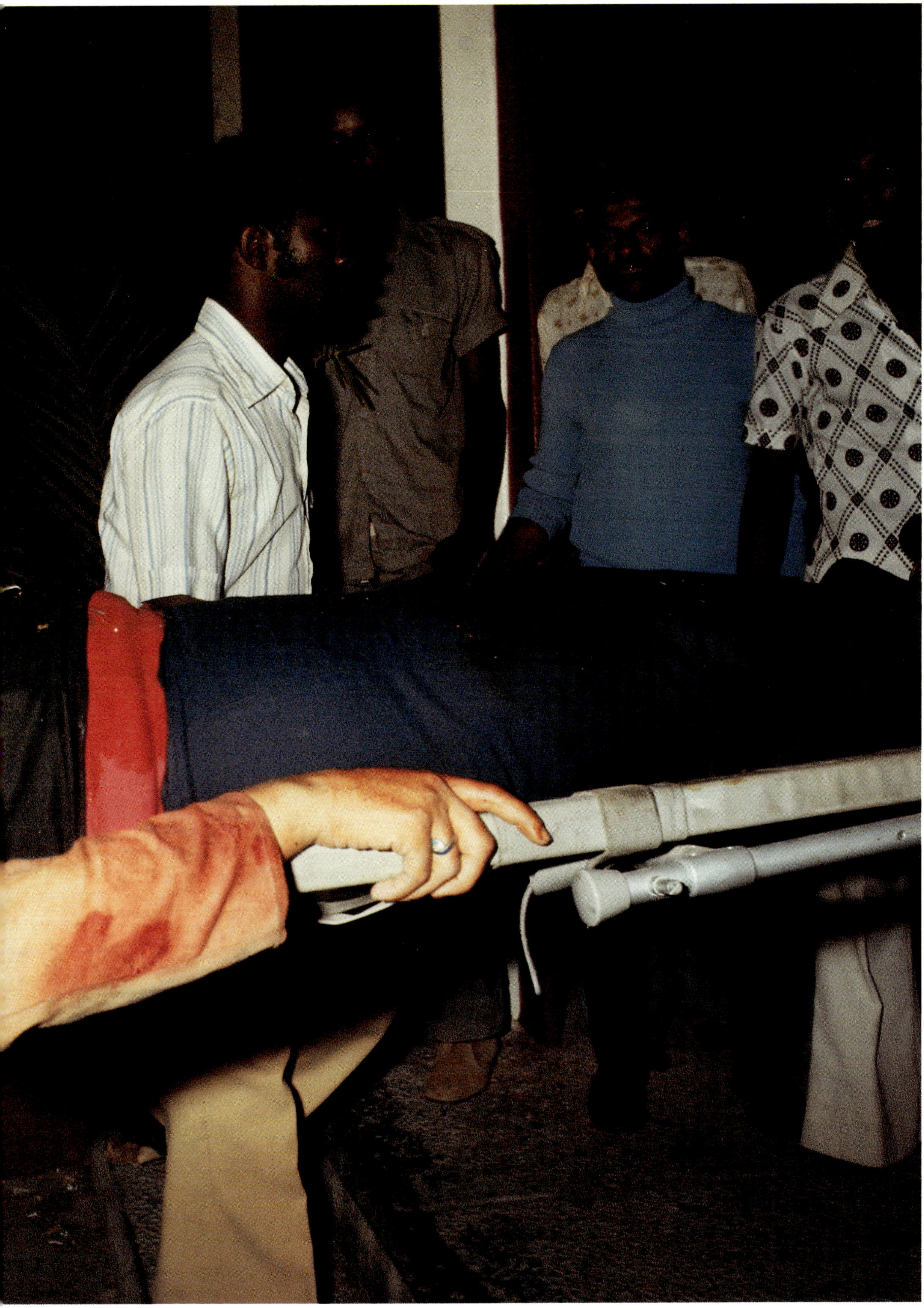

Intifada – der Krieg der Kinder

Sie kennen kein unbeschwertes Spiel, keine kindliche Freude, nur den Kampf gegen die israelische Besetzung der Westbank und des Gaza-Streifens. Die palästinensischen Kinder haben früh ihre Unschuld verloren, für sie ist der Tod ein ständiger Begleiter – vor allem, weil es oft der Tod der Freunde ist. Meist mit Steinen, selten mit Waffen, kämpfen die Palästinenser in den besetzten Gebieten gegen die gut gerüstete israelische Armee und immer wieder auch gegen fanatische jüdische Siedler. Fast jeden Tag, seit drei Jahren, sterben junge Araber, und mit jedem Tag radikalisieren sie sich mehr. Ist es ein Wunder, daß sie Saddam Hussein zujubeln, der ihnen die Befreiung vom israelischen Joch verspricht? In der Westbank wächst eine Generation heran, die nichts mehr schrekken kann, weil sie alle Schrecken schon kennt.

Drohgebärden der Besatzungsmacht

Eine Militärpatrouille, bis an die Zähne bewaffnet, durchstreift die Straßen der Stadt Gaza im israelisch besetzten Gaza-Streifen. Es ist der Tag vor dem zweiten Jahrestag der Intifada, dem Aufstand der Palästinenser gegen die Israelis; der verstärkte Aufmarsch von Truppen soll die Araber einschüchtern. Die Intifada und das zum Teil brutale Vorgehen des Militärs gegen die Aufständischen hat in Israel eine heftige Debatte ausgelöst: Die politische Rechte, darunter die Regierung, verteidigt die harte Linie; nur so sei eine Befriedung der besetzten Gebiete möglich. Fortschrittliche Politiker beklagen, Israel verkomme zu einem Polizeistaat. Sie fordern eine friedliche Beilegung des Konflikts durch Verhandlungen. Eines haben die Aufständischen ohne Zweifel erreicht: Das Ansehen des Judenstaates in der Welt hat seit Beginn der Intifada schwer gelitten.

Der große Führer aus Bagdad

Mit allen Mitteln moderner Propaganda präsentiert sich der irakische Diktator Saddam Hussein wie hier im November 1990 bei einer Massendemonstration in der nordirakischen Stadt Mosul als grosser Führer des Volkes und Verteidiger panarabischer Interessen. Der in ärmlichen Verhältnissen in einem Dorf bei Takrit aufgewachsene spätere Luftwaffengeneral nimmt 1959 als Mitglied der für eine „arabische Wiedergeburt" kämpfenden Baath-Partei an einem Mordanschlag gegen den irakischen Diktator Kassem teil. Seit 1979 ist Saddam Hussein Präsident und vereinigt in Bagdad alle Macht in seinen Händen. Von der Propaganda läßt er sich unter anderem als Nachfolger Nebukadnezars II. feiern, der im 6. Jahrhundert die Juden besiegte und in Gefangenschaft führte.

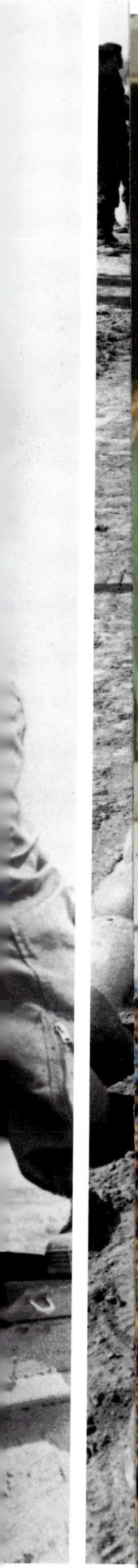

الاتحاد الوطنى لطلبة
استعداد دائم للفداء

Giftgas gegen die Kurden

Völkermord im Nordirak: Mit Giftgaspatronen beschießt die irakische Luftwaffe in den Jahren 1987 und 1988 die kurdischen Dörfer im Norden des Landes. Mehr als 15 000 Personen kommen dabei ums Leben. Die Kurden sind mit 15 Millionen Menschen das größte Volk der Erde ohne eigenen Staat – die Bevölkerung lebt verteilt auf den Iran, Irak, die Türkei und die Sowjetunion. Da die Kurden im ersten Golfkrieg den Iran unterstützten, versuchte der irakische Diktator Saddam Hussein, dieses Volk mit allen Mitteln auszurotten. Erst als die Weltöffentlichkeit auf den Genozid aufmerksam wurde, stellten die Iraker die Giftgas-Angriffe auf die kurdische Zivilbevölkerung ein. Diese Aufnahme entstand am 23. März 1988 nach einem Massaker in dem Ort Halabja.

Eine Million Soldaten sind einsatzbereit

Trotz hoher Verluste im achtjährigen Krieg gegen den Iran bleibt Saddam Hussein der mächtigste Militärherrscher im Nahen Osten. Er verfügt über eine Million gut ausgebildeter Soldaten, 5500 Panzer und etwa 500 Kampfflugzeuge, darunter aus Frankreich gelieferte Mirage. Auch zur bakteriellen und chemischen Kriegsführung ist der Diktator vorbereitet. Mit Hilfe westdeutscher Firmen verlängert er die Reichweite seiner sowjetischen Scud-Raketen und beginnt mit der Produktion von Giftgas. Zugleich wird in irakischen Forschungsstätten an der Entwicklung von Atomwaffen gearbeitet. Ein Versuch, mit Hilfe von Stahlrohren aus dem Westen ein Riesengeschütz mit gewaltiger Reichweite zu bauen, scheitert an der Wachsamkeit westlicher Geheimdienste.

Nur in der Haltung gegen Israel einig

In der syrischen Hauptstadt Damaskus kommen Ende Dezember 1975 Syriens Präsident Hafiz Assad (zweiter von rechts), der saudische König Khalid (links von Assad) und der Palästinenserführer Yassir Arafat (rechts) zu politischen Gesprächen zusammen. Alle drei Araberführer sind sich einig in ihrer Haltung gegen Israel, dem sie die Unterdrückung der arabischen Bevölkerung Palästinas vorwerfen. Aber die politischen Vorstellungen über eine Zukunft der arabischen Staaten gehen weit auseinander. Hafiz Assad, der sein Land ähnlich diktatorisch regiert wie sein irakischer Nachbar Saddam Hussein, strebt wie die syrische Staatspartei Baath neben einer Wiedergeburt der arabischen Kultur einen föderativen Zusammenschluß der arabischen Staaten unter einer sozialistisch-islamischen Gesellschaftsordnung an. Für den saudischen König aber bedeutet jede Form von Sozialismus eine Gefahr für die absolutistische Macht seiner Familie.

Hochzeit im zerschossenen Beirut

In der zerschossenen libanesischen Hauptstadt geht ein Brautpaar in festlicher Kleidung zur Trauung – ein Bild der Hoffnung und des Grauens zugleich. Die in Christen und Mohammedaner gespaltene Bevölkerung des Libanon hat unter den bewaffneten Auseinandersetzungen ihrer Armeen fürchterlich zu leiden. Der Bürgerkrieg trifft alle. Freischärler sorgen zusätzlich für militärische Konflikte. Nachdem der Levante-Staat jahrzehntelang zu den blühenden und reichen Regionen des Mittelmeergebietes gehört hat, ist das Land heute ruiniert. Ob der Libanon als selbständiger Staat erhalten bleibt, ist unklar – im nördlichen Teil des Landes wächst der Einfluß Syriens, der südliche Teil, den die christlichen Milizen kontrolliert haben, liegt im Interessen- und Einflußbereich Israels.

Syrien will in Beirut Frieden stiften

Im Februar 1987 entsendet Syrien 7000 Soldaten in den Nachbarstaat Libanon. Sie rücken in den moslemischen Teil der Hauptstadt Beirut vor und beziehen an den wenigen noch offenen Verbindungsstraßen zum christlichen Sektor der Stadt Posten. Außer Waffen haben sie auch Poster ihres obersten Befehlshabers Assad mitgebracht. Syrien versucht mit seinen Truppen die mörderischen Kämpfe zwischen pro-iranischen Schiiten und einer Allianz aus Kommunisten und Drusen zu beenden. Im April gelingt es den Syrern, die Belagerung des seit sieben Monaten von schiitischen Amal-Milizen eingeschlossenen Palästinenserlagers Schatila zu beenden. Auch die Blockade palästinensischer Flüchtlinge im Lager Bursch el Baraschne wird durch das Eingreifen syrischer Soldaten aufgehoben. Mit der Befriedungsaktion im Libanon will Syrien seine politische Führungsrolle in der Region bekunden.

Libyen begrüßt die Teilnehmer der großen Rallye

Im Dezember 1988 führt die Route der berühmten Rallye Paris-Dakar auch durch libysche Orte. In Ghadames veranstalten die Einwohner für die durchreisenden Automobilisten und ihre vielen Begleiter ein Willkommensfest. Unter einem überlebensgroßen Foto des libyschen Regierungschefs Oberst Muammar al-Gaddafi spielt ein Folklore-Trio für die Gäste aus aller Welt auf.

WOLFGANG GÜNTER LERCH

Angst in den Palästen

Saudi-Arabien und die Golfemirate

In der dritten Januarwoche 1991. Raketenalarm in Dhahran und Riad: „Scud"-Raketen sind auf dem Anflug auf die beiden Städte in Saudi-Arabien. Schon kurz nach Beginn der Luftangriffe der Alliierten zur Durchsetzung der Beschlüsse und Resolutionen der Vereinten Nationen, die auf die Räumung Kuwaits und die Wiederherstellung der legitimen Herrschaft zielen, macht der irakische Diktator Saddam Hussein seine Drohungen wahr und beschießt nicht nur Israel, sondern auch den arabischen Nachbarn mit seinen Mittelstreckenraketen. Zum erstenmal seit Jahrzehnten wird das äußerlich auf amerikanische Weise modernisierte, innerlich jedoch fest im puritanisch-wahabitischen Islam verankerte Wüstenkönigreich der Al Saud wieder Schauplatz kriegerischer Handlungen. Die Bewohner der ölreichen Ostregion von al Hasa machen sich auf den Weg in den Westen und Südwesten ihres ausgedehnten Reiches; dort, im Hidschaz und im Bergland von Asir, sind sie vor Saddams „Pfeilen" sicher. Die Angst geht wieder um in den Palästen der konservativen Herrscher am Golf. Hatte Saddam nicht im Jahre 1978 erklärt: „Wir werden den Krieg in die Schlafzimmer der Prinzen tragen"?

Dabei hatte es vor Beginn der Kuwait-Krise länger als zehn Jahre eher so ausgesehen, als bedrohten nicht mehr die arabischen Nationalisten, wie früher, sondern die schiitischen Revolutionäre des Ajatollah Khomeini und ihre Sympathisanten überall in der sunnitischen Welt des Islam die konservativen arabischen Throne. Die Besetzung der Großen Moschee von Mekka im Jahre 1979, die erst durch französische Anti-Terror-Spezialisten beendet werden konnte, sowie das Massaker während der muslimischen Pilgersaison des Jahres 1987 waren alarmierende Zeichen für diese Gefahr gewesen. Umgekehrt hatte damals Saddam Hussein, von den iranischen Truppen und den Pasdaran Khomeinis zeitweise schwer bedrängt, seinen „Frieden" gemacht mit den Herrschern Arabiens, die ihm aus dem Fundus ihrer reichen Öleinnahmen umfangreiche Subsidien zur Verfügung stellten – vergebliche Lösegelder, wie sich im Falle Kuwaits zeigen sollte. Die Invasion und Annektierung dieses seit 1961 unabhängigen Staates am oberen Ende des Golfes durch irakische Truppen ließ die latente Bedrohung mit einem Schlag wieder zur tödlichen Gefahr werden. Riad und die anderen Emirate und Scheichtümer wollten und mußten sich schützen. König Fahd gab dem Drängen der Amerikaner nach, die Operation „Wüstenschild" begann und wurde schließlich zum „Wüstensturm". Die Präsenz einer zum großen Teil nicht aus Muslimen bestehenden Streitmacht auf dem Boden der heiligen Stätten des Islam erhöhte noch zusätzlich die Gefahr, daß arabische Nationalisten und islamische „Fundamentalisten" (im Maghreb „Integristen" genannt) den Schulterschluß vollziehen.

Die in Bagdad herrschende Baath-Partei hat nie einen Zweifel daran gelassen, daß sie Arabien revolutionieren will. Die Baath-Partei, „Sozialistische Partei der arabischen Sendung und Wiedergeburt", sieht sich als Speerspitze des Arabertums und seiner fortschrittlichsten Traditionen. Dies gilt auch für die Baathisten in Syrien, die mit dem Irak seit eh und je rivalisieren. Nach dem Ende des Nasserismus ist die Baath-Bewegung der wichtigste Überrest jenes arabischen Nationalismus, der schon im vergangenen Jahrhundert entstand. Allerdings blieb der 1970 verstorbene ägyptische Präsident Gamal Abd-al Nasser auch für Saddam Hussein immer ein Vorbild.

Als Ideologie geht der arabische Nationalismus auf die „Nahda" zurück, die arabische Renaissance, die zunächst nur kulturell inspiriert war. Im Libanon und in Syrien traten in den letzten Jahrzehnten des 19. Jahrhunderts Männer wie Dschurdschi Zaidan (1861–1914) und ʿButrus al Bustani (1819–1883) auf, die eine Wiedergeburt der arabischen Sprache und Kultur anstrebten. Die meisten von ihnen waren Christen. Sie blickten nach Europa, auf die dort erstarkenden, selbstbewußten Nationalstaaten, und übernahmen zunächst die Aufgabe, ein „Bewußtsein vom Arabertum" zu schaffen. In Sprache und Dichtung galt es, das Arabische und seine alte Kultur gegenüber dem herrschenden Türkisch-Osmanischen abzusetzen und so den Grundstock für eine „arabische umma" zu legen, welche die universalistische, durch die Osmanenherrschaft repräsentierte „islamische umma" später ablösen sollte.

Aus der „Nahda" erwuchs die arabische Nationalbewegung, die sich kämpferisch zuerst gegen die Türken, dann gegen die Fremdbestimmung durch die Mandatsmächte, allen voran Großbritannien und Frankreich, wandte. Zentren dieses Widerstandes waren – neben Palästina – der Libanon, Syrien, der Irak und Ägypten. Der arabische Nationalismus wurde für Jahrzehnte die herrschende Ideologie besonders der Militärkaste, der Obristen. Während zuerst der Einfluß des französischen und englischen politischen Denkens bestimmend gewesen war, wandten sich spätere Theoretiker wie Sati al Husri (1882–1968) und Antun Saadeh (1904–1949) mehr der deutschen romantischen Dichtung und Philosophie zu (etwa Hegel, Fichte, Ernst Moritz Arndt) und entwickelten eine geradezu mystische Auffassung vom organischen Wesen der arabischen Nation. Saadeh freilich verlegte sich mehr auf die besondere Einheit „Großsyrien" und lehnte den Panarabismus ab. „Freie Offiziere" unter Naguib und Nasser stürzten schließlich 1952 den korrupten ägyptischen König Faruk, ein Ereignis, das lange als Vorbild wirkte und dem Nasserismus zu großem Ansehen bei den Massen verhalf. Nasseristisch inspirierte Putsche und „Revolutionen" fegten – unter Gaddafi – auch den König von Libyen hinweg, beseitigten das Imamat im Jemen; auch die von Oberst Abd-al Karim Kassem geführte Junta, die 1958 den irakischen Haschemiten-Thron Feisal II. stürzte, nannte sich nach dem Vorbild Nassers und seiner Leute „Freie Offiziere" (dubbāt al ahrār). Arabische Offiziere, so dachten viele, würden über kurz oder lang auch die übrigen Monarchien stürzen, von König Hassans Marokko über König Husseins Jordanien bis zu den Emiraten und Scheichtümern auf der Arabischen Halbinsel und am Golf.

Einzig die Baathisten in Syrien und im Irak konnten mit dem Nasserismus erfolgreich wetteifern. Ihre Stunde schlug, als Nassers Stern im Gefolge der verheerenden arabischen Niederlage gegen Israel im Sechs-Tage-Krieg 1967 zu sinken begann. Es war kein Zufall, daß ein Jahr später im Irak die Baath-Partei endgültig an die Macht kam; in Syrien herrschte sie schon seit 1963. Schöpfer der Baath-Ideologie war der christliche Syrer Michel Aflak (1912–1989), der seine Karriere in Syrien begann, aber im Reich Saddam Husseins starb, was die Iraker immer als besonderen Ausweis ihrer baathistischen „Rechtgläubigkeit" ansahen. Ihm assistierte, mehr als Organisator der Partei denn als Ideologe, der Muslim Salah al Din al Bitar.

Die Ziele des Baathismus kann man zusammenfassend so charakterisieren: Befreiung der arabischen Nation aus den Händen der Fremdherrschaft und ihre progressive Entwicklung auf der Grundlage eines arabischen Sozialismus. Drei Schlagworte bündeln diese Bestrebungen: Einheit (wahda), Freiheit (hurrīja), Sozialismus (ištirākīja). Mit dem Begriff der „Einheit" ist die Einheit der arabischen Nation gemeint. Alle Araber, vom Atlantik bis zum Golf, sind eine homogene Nation, die allerdings durch die Machenschaften der Imperialisten und durch eigene, falsche Politik gespalten und zersplittert wurde. Nur als geeinte Nation (al umma al arabīja al wāhida) kann Arabien gedeihen und den schädlichen Partikularismus der Vergangenheit überwinden. Daß es eine in diesem Sinne homogene arabische Nation gibt, wird von den Baathisten nicht angezweifelt. Der Nationalismus war zunächst eine Bewegung, die sich gegen die kolonialistische Überwältigung von außen richtete und deshalb viele unterschiedliche Elemente verbinden konnte; als es jedoch darum ging, das Wesen der arabischen Nation positiv zu definieren, mußte es zu gewissen Gewaltsamkeiten kommen. Dies zeigte sich im Irak am offenkundigsten beim Kurden-Problem. Arabismus und kurdische Selbstbestimmung lassen sich nur schwer vereinen. Hinzu kam, daß bei Aflak auch fremdenfeindliche Elemente die Theorie verengten, während frühere Ideologen des Arabismus ihre Bindungen an den Westen weniger verleugnet hatten.

Unter „Freiheit" versteht der Baathismus vor allem die Unabhängigkeit der Araber vom „Imperialismus", das heißt von jeglicher äußerer Einmischung durch die kolonialistischen Mächte. Persönliche Selbstbestimmung und Selbstverwirklichung im westlichen Sinne, individuelle und repräsentative demokratische Freiheit in einem liberalen Verfassungsstaat ist damit nicht gemeint. Solche Vorstellungen fußen auf den Prinzipien der euro-

Hochzeitsfeste – getrennt für Frauen und Männer

Paläste für die Herrscher, Paläste für die reichen Bürger – allen Prunk der westlichen Welt haben die Petrodollars den ölreichen arabischen Scheichtümern und Emiraten beschert. Dennoch werden die kulturellen Traditionen gewahrt – in der Kleidung, im täglichen Leben, das nach den Suren des Koran geregelt ist, in der Gerichtsbarkeit. Als im großen Saal des Sheraton-Hotels in Kuwait City ein Hochzeitsfest mit mehreren hundert Gästen stattfindet, feiern Frauen und Männer getrennt. Unter den prachtvollen Lüstern des Ballsaals haben sich am zweiten Tag der Feier die Männer versammelt. Gekleidet sind sie in ihre traditionellen Disdasha-Gewänder, das Guthra-Kopftuch ist selbstverständlich.

HYATT REGENCY

Beduinengewänder vor der Fassade des 21. Jahrhunderts

Als das Hyatt Regency-Hotel in Kuwait City eingeweiht wird, feiern auch einheimische Stämme in ihren traditionellen Trachten mit. Die tief verschleierte Beduinen-Frau, die nomadisierend in der Wüste lebt, und der funktionalistische Beton-Klotz der neuen Nobel-Herberge – schärfer lassen sich die Gegensätze in den arabischen Wüstenstaaten kaum darstellen. Die Spannungen zwischen der traditionellen Gesellschaftsordnung und den Erfordernissen eines modernen, bürokratisch organisierten Staats- und Gemeinwesens sind offenkundig. Ob sich westlicher Wohlstand und westliche Technik mit dem Gesellschaftsbild der feudalistischen islamischen Welt vereinbaren lassen – diese Frage ist offen.

Die Falkner vom Golf

Zu den gesellschaftlichen Höhepunkten in den arabischen Wüstenländern gehört die Falkenjagd. Da die Raubvögel fast ausgestorben sind, zahlen die Scheichs für einzelne Tiere Phantasiepreise – Beträge von 50 000 Mark für einen Jung-Falken sind keine Seltenheit. In den arabischen Ländern hat die Falknerei eine 4000jährige Tradition. Bei der Beizjagd werden Greifvögel auf der mit einem schweren Handschuh geschützten Faust getragen und auf Beutetiere losgelassen, etwa auf Laufvögel oder Kleinwild. Die Falken jagen die Beute und bringen sie schließlich an ihren Startplatz zurück. Stolz zeigen hier arabische Falkner im weißen Beduinengewand ihre hungrigen Vögel.

Palast aus dem Morgenland

Kaum 100 000 Einwohner hat das Wüsten-Emirat Sharjah am Golf von Oman, doch seit hier 1974 zum erstenmal Öl gefördert wurde, ist der Reichtum über das Land gekommen. Scheich Sultan Al-Quasseimi, der Herrscher, ließ sich an der Küste einen riesigen Palast errichten, der mit aller morgenländischen Pracht ausgestattet ist. Heute ist das Scheichtum Teil der Vereinigten Arabischen Emirate.

Das Kolosseum in der Wüste

Brot und Spiele – nach diesem Motto regieren auch die Potentaten in den reich gewordenen Öl-Emiraten. Scheich Zayed hat am Rand von Abu Dhabi einen der eindrucksvollsten Stadion-Bauten des 20. Jahrhunderts bauen lassen. Eine gigantische Arena für 160 000 Besucher, in die man sogar mit dem Auto fahren kann. Hier finden Fußballspiele und folkloristische Feste statt – ein Treffpunkt für die ganze Region. Wenn man allerdings bedenkt, daß die Vereinigten Arabischen Emirate (mit der Hauptstadt Dubai) nur etwa eine Million Einwohner haben, dann wird deutlich, daß auch diese Arena viel zu pompös und überdimensioniert konzipiert worden ist. Auch die Gastarbeiter, die in der Region leben, können das Riesenstadion kaum füllen.

Beduinen an die Waffen

65 000 Soldaten umfaßte die saudi-arabische Armee im August 1990, als der Irak den Nachbarstaat Kuwait überfiel. Der saudische König rekrutiert seine Armee vorwiegend aus den Beduinen – und entsprechend strenggläubige Moslems sind auch die meisten der Soldaten. Luftwaffe und Heer sind technisch gut ausgerüstet, da der Ölreichtum auch die Bezahlung modernster Waffen ermöglichte. Gegen das Millionen-Heer des Irak haben die Saudis allerdings keine Chance. Aus diesem Grund riefen sie auch die amerikanischen GI's und die alliierten Truppen ins Land – und finanzierten zu einem erheblichen Teil den Krieg gegen Saddam Hussein.

Raketen auf die arabischen Brüder

Raketen-Alarm in Riad: In der Nacht des 24. Januar 1991 feuern irakische Truppen von mobilen Abschußrampen aus Scud-Raketen auf die saudische Hauptstadt und ihre anderthalb Millionen Einwohner. Der Sachschaden ist gering, doch das saudische Militär und die Bevölkerung müssen damit rechnen, daß die Iraker ihre Raketen mit Giftgas-Munition bestücken. Deshalb setzen Soldaten und Zivilisten ihre Gasmasken auf. Gespenstisch wirkt der Soldat auf unserem Foto – ein Denkmal eines Krieges, den viele für vermeidbar hielten.

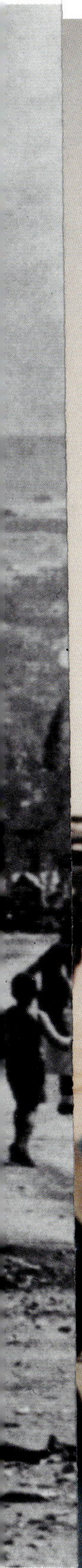

Schießübungen eines Königs

König Hussein von Jordanien legt die Kalaschnikow an, und Saddam Hussein überprüft, wie gut der jordanische Herrscher schießen kann: Bilder wie diese haben dem Ruf König Husseins im Westen schwer geschadet. Er galt lange als einer der Gemässigten im arabischen Lager, als geschickter Vermittler und meisterhafter Diplomat. Der Golfkrieg aber hat den König in eine verzweifelte Lage gebracht: sein Volk jubelt Saddam Hussein zu — und der Westen fordert die uneingeschränkte Loyalität Jordaniens in der Front gegen den Irak, wenn er mit Hilfen einspringen soll. König Husseins Thron, auf dem er seit fast vierzig Jahren sitzt, wackelt bedrohlich.

Bru
krieg
Jord

Hoheit lassen bitten

Im feinen europäischen Zwirn wirkt Hassan II., König von Marokko, gar nicht wie der arabische Feudalherrscher, der er ist – in märchenhafter Pracht residierend, während sein Volk immer weiter verelendet. Nur die Geste der Unterwerfung bei seinem Offizier läßt den Regierungsstil ahnen, den Hassan seit seinem Amtsantritt 1961 pflegt: selbstherrlich, rücksichtslos und vor allem in der Außenpolitik ausgesprochen schlitzohrig. Clever manövriert er sich durch die Untiefen des Nahost-Konflikts: so loyal zu den arabischen Staaten wie nötig, so amerikafreundlich wie möglich. Denn die USA sichern dem Herrscher mit ihrer Wirtschaftshilfe nicht nur seinen Reichtum, sondern auch das politische Überleben. Um so härter treffen Hassan die von der Opposition organisierten Pro-Saddam-Massendemonstrationen, gegen die selbst er machtlos ist.

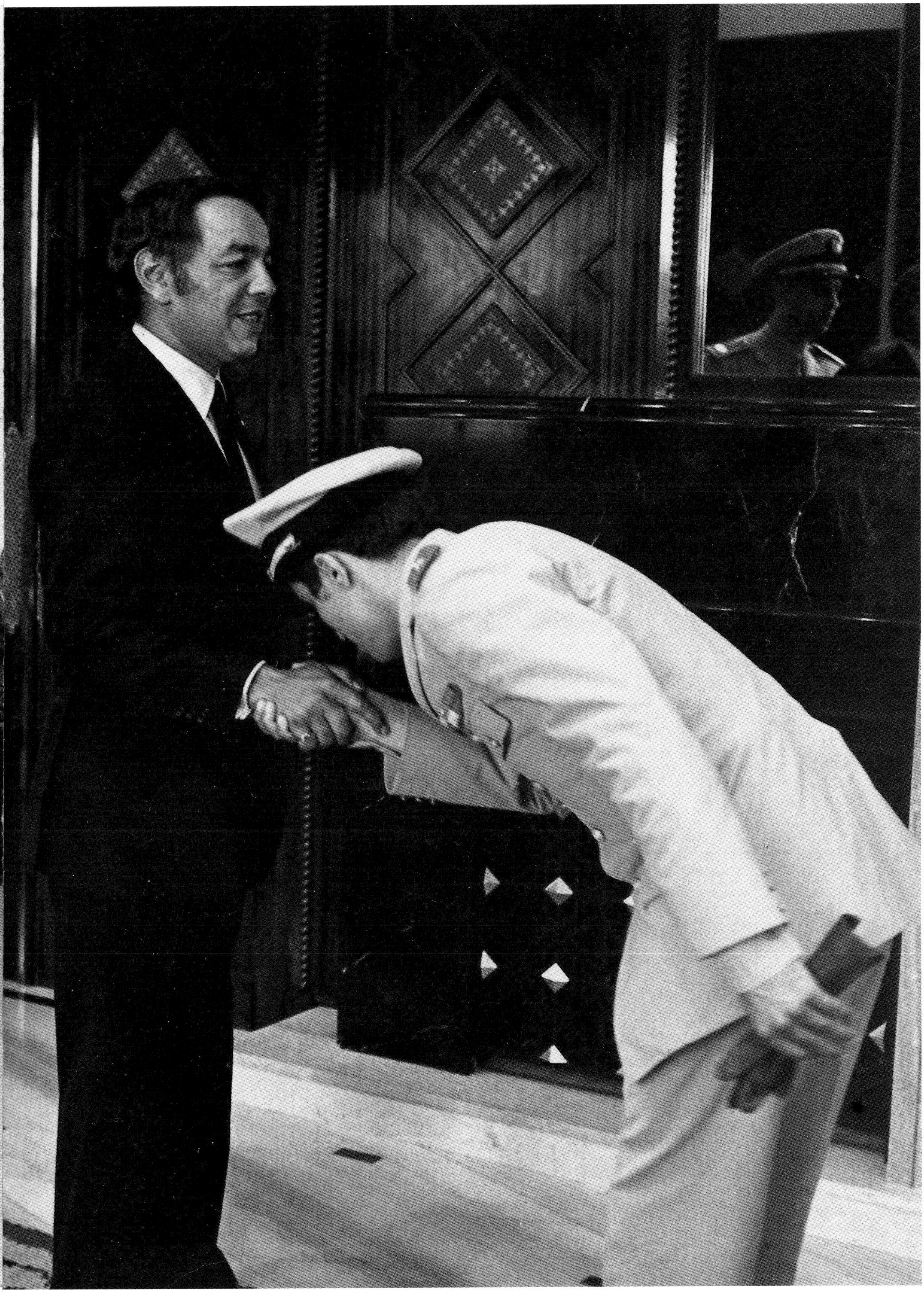

Eine Parade der starken Männer

Prächtig herausgeputzt, in der Uniform eines Feldmarschalls, beginnt der ägyptische Staatschef Anwar as-Sadat die Ehrenformation abzuschreiten, zur Rechten Vizepräsident Hosni Mubarak, zur Linken Vizepremier und Kriegsminister Abdelghani al-Gamasi. Es ist der 6. Oktober 1975, zum zweiten Mal jährt sich der Ausbruch des Yom-Kippur-Krieges, in dem die Ägypter mit der Überquerung des Suezkanals ihre nationale Ehre wiederhergestellt haben. Ägypten verhandelt mit den Israelis über Truppenentflechtungen. Noch ahnt die Welt nicht, daß zwei Jahre später der Friedensprozeß im Nahen Osten eine völlig neue Dimension bekommen wird. Noch ahnt aber auch niemand, daß dieser Frieden Sadat im Oktober 1981 das Leben kosten wird — sechs Jahre nachdem dieses Foto entstanden ist.

Eine Rede, die Arabien erschüttert

Als der ägyptische Staatschef Anwar as-Sadat seine Rede vor dem israelischen Parlament, der Knesset, beginnt, hält die Welt den Atem an. Vier Kriege haben Ägypten und Israel gegeneinander geführt, und jetzt, am 20. November 1977, sagt Sadat: „Sie wollen mit uns leben in diesem Teil der Welt, und ich sage Ihnen ganz ehrlich: Wir heißen Sie willkommen in unserer Mitte."

Diese Worte erschüttern das Gefüge Arabiens in seinen Grundfesten. Sie sind der Auftakt zu Friedensverhandlungen, an deren Ende ein Vertrag zwischen den beiden Staaten steht, ein Separatfrieden, den Sadat in seiner Rede vor der Knesset noch ablehnt. Überhaupt sind seine Worte nicht verbindlich oder schmeichelnd, sondern offen und direkt – und durchzogen vom Pathos eines Mannes, der sich der historischen Bedeutung des Augenblicks bewußt ist. Sadats Rede vor der Knesset hat Weltgeschichte gemacht.

Ein Attentat, das die Welt erschüttert

Was vor wenigen Sekunden noch die Ehrentribüne der Militärparade des 6. Oktober 1981 war, ist jetzt ein Chaos fliehender, deckungsuchender, schreiender Menschen, in das vier maskierte Soldaten mit Maschinengewehren hineinfeuern. Anwar as-Sadat ist ihr Ziel, der ägyptische Staatspräsident. Als er nach dem Attentat ins Kairoer Maadi-Hospital eingeliefert wird, blutet er aus mindestens fünf Wunden, und um 14.40 Uhr stellen die Ärzte seinen Tod fest. Er ist das Opfer moslemischer Fanatiker, die mit Sadat den Urheber des Friedensvertrages mit Israel vernichten wollen. Das Entsetzen vor allem in der westlichen Welt ist groß, Henry Kissinger nennt Sadats Ermordung einen „Triumph der Brutalität über die Mäßigung". Und in der Kathedrale von Washington gedenkt der Präsident der USA des Toten – eine Ehrung, die vor Sadat nur drei Ausländern zuteil geworden ist: Pandit Nehru, Aldo Moro und Lord Mountbatten.

Ein Blick zurück auf bessere Tage

Sonnenuntergang am Persischen Golf: Ein Blick zurück auf bessere Zeiten scheinen diese Gastarbeiter am Ufer von Dhahran zu werfen, als sie am 8. November 1990 einen Abendausflug unternehmen. Zweieinhalb Monate später ist Dhahran weltweit bekannt – als Basis der alliierten Luftstreitmacht, die von hier aus zu Kriegseinsätzen in den Irak startet. Mit Kriegsbeginn hat auch die saudische Stadt ihre Geschäftigkeit geändert. Jetzt beherrschen hier die Militärs das Leben.

Die Chronik der Ereignisse

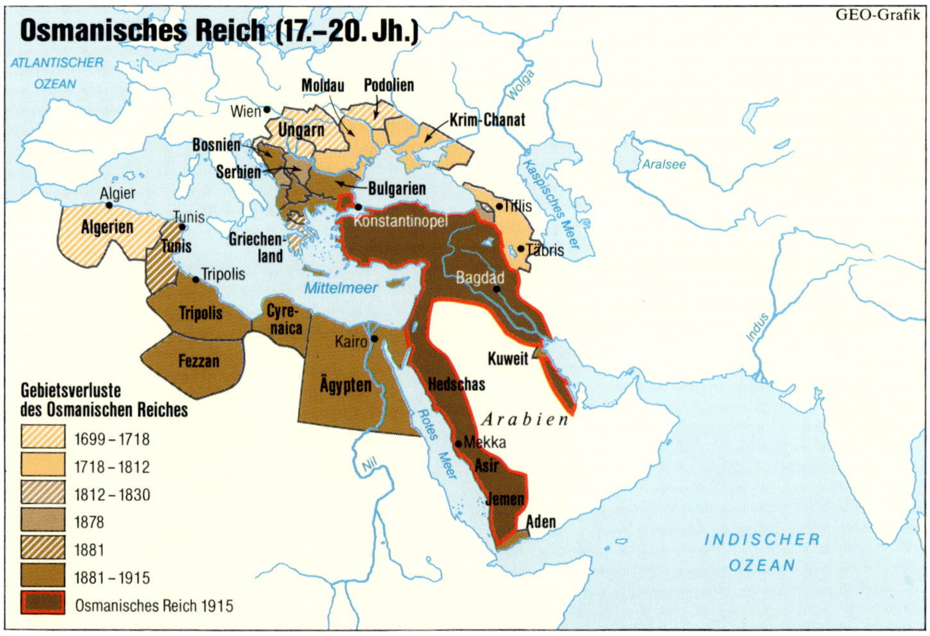

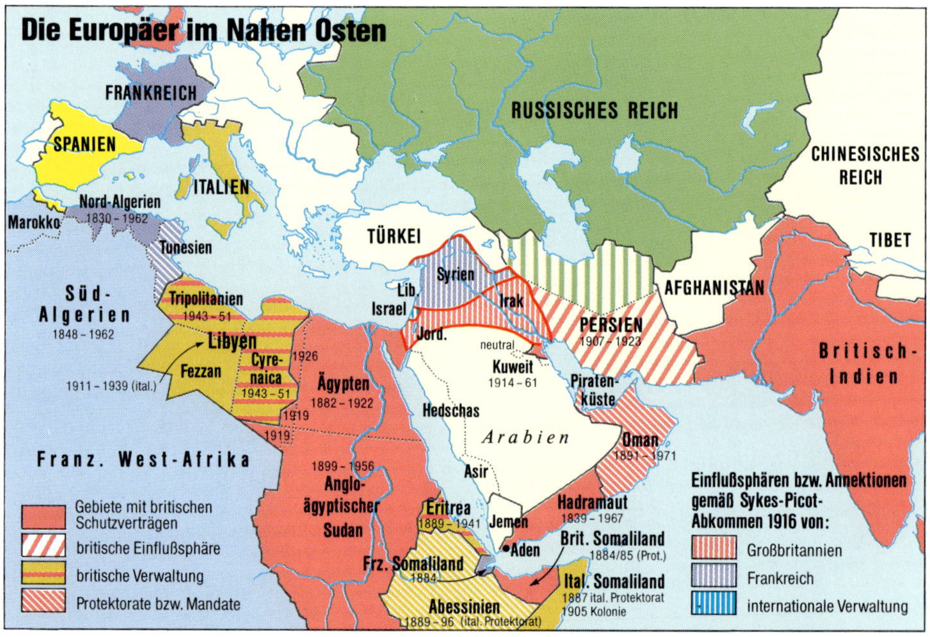

Quellen: Großer Historischer Weltatlas, Bayerischer Schulbuch-Verlag u. v. a.

1300 bis 1919
Reich der Osmanen. Fast alle arabischen Länder geraten nach und nach unter türkische Herrschaft. Die Franzosen erobern von den Türken 1830 Algier und 1881 Tunesien, die Engländer 1839 Aden und 1882 Ägypten. 1899 wird Kuwait britisches Protektorat.
29. bis 31. August 1897
Der von Theodor Herzl einberufene erste zionistische Weltkongreß in Basel beschließt, für das jüdische Volk „eine öffentlich-rechtlich gesicherte Heimstätte in Palästina zu schaffen". Trotz Schwierigkeiten mit der türkischen Verwaltung wandern zunehmend Juden in Palästina ein. 1909 wird Tel Aviv als erste jüdische Stadt gegründet.
26. Mai 1908
Im Iran wird das erste Öl des Nahen Ostens entdeckt.
2. bis 5. November 1914
Frankreich, England und Rußland erklären der Türkei den Krieg.
16. Mai 1916
In einer geheimen Übereinkunft grenzen Großbritannien und Frankreich ihre Interessensphären im arabischen Raum ab (Sykes-Picot-Abkommen).
2. November 1917
Balfour-Deklaration: Der britische Außenminister Arthur J. Balfour sichert Zionistenführer Lord Rothschild die Unterstützung Englands bei der „Schaffung einer nationalen Heimstätte für das jüdische Volk in Palästina" zu.
19. bis 26. April 1920
Die Konferenz der Alliierten in San Remo, eine Vorläuferorganisation des Völkerbundes, überträgt Frankreich das Mandat über Syrien und Libanon, Großbritannien das über den Irak und Palästina.
Juli 1921 bis 1927
In der spanischen Zone Marokkos erheben sich Berberstämme unter dem Freiheitskämpfer Abd el Krim gegen die spanische Herrschaft. Die Araber werden schließlich von spanischen und französischen Truppen geschlagen.
23. August 1921
Die Briten setzen im Irak Feisal Ibn Hussein, den älteren Sohn des Scherifs von Mekka, als König ein.
24. Juli 1922
Der Völkerbund billigt die Mandatsaufteilung der Konferenz von San Remo. Er macht Großbritannien die Auflage, die Balfour-Deklaration zu erfüllen.
25. März 1923
Großbritannien trennt Transjordanien von Palästina ab und erklärt es zum eigenständigen Emirat unter Abdullah Ibn Hussein,dem jüngeren Sohn des Scherifs von Mekka. Palästina und Transjordanien bleiben dem britischen Hochkommissar in Jerusalem unterstellt.
8. Januar 1926
Auf der Arabischen Halbinsel vertreibt Abd-al Aziz Ibn Saud, Sproß einer lokalen Herrscherdynastie, Scherif Hussein von Mekka, dessen Familie seit dem 11. Jahrhundert das Scherifenamt in der Heiligen Stadt bekleidet, und proklamiert sich zum König der Hedschas. Am 18. September 1932 ruft er das Königreich Saudi-Arabien aus.
18. Oktober 1927
Im Irak wird Öl entdeckt.
3. Oktober 1932
Irak wird unabhängig, England behält aber weitgehende Vorrechte, besonders auf militärischem Gebiet.
4. März 1934
In Saudi-Arabien wird die California Arabian Standard Oil Company fündig. 1938 werden in dem Wüstenstaat große Ölvorkommen festgestellt.
26. August 1936
Ägypten erhält seine volle Souveränität, am Suezkanal bleiben aber britische Streitkräfte stationiert.
April 1938
In Kuwait werden Ölvorkommen entdeckt. Ende 1939 sind Ölbohrungen in Katar erfolgreich, 1958 auch in Abu Dhabi.
September/November 1941
Syrien und Libanon proklamieren ihre Unabhängigkeit, bleiben de facto aber noch französisch.
11. Mai 1942
Angesichts der Judenverfolgung in Deutschland fordern die Zionistenführer bei einem Kongreß in New York, Palästina für uneingeschränkte Einwanderung zu öffnen und das Land zu einem jüdischen Staat zu machen. Seit Machtergreifung der Nazis sind Zehntausende von deutschen Juden nach Palästina geflohen.
22. März 1945
Gründung der Arabischen Liga in Kairo.
22. März 1946
Transjordanien wird unabhängiges Königreich, Emir Abdullah nimmt am 25. Mai den Königstitel an.
17. April 1946
Abzug der letzten französischen Truppen aus Syrien, das Land wird unabhängig. Ende 1946 verlassen die letzten französischen Truppen auch den Libanon.
29. November 1947
Die Vereinten Nationen empfehlen gegen die Stimmen aller arabischen und islamischen Staaten die Teilung Palästinas in einen arabischen und einen jüdischen Staat in Wirtschaftsunion. Jerusalem soll internationalisiert und unter UN-Verwaltung gestellt werden.
14. Mai 1948
David Ben Gurion proklamiert den unabhängigen souveränen Staat Israel.
15. Mai bis 30. November 1948
Palästina-Krieg: Die arabischen Armeen greifen Israel an. Israel kann sich behaupten und das restliche Galiläa, die Neustadt von Jerusalem und Gebiete an der Negev-Wüste dazugewinnen.
Fast eine Million Araber werden in Flüchtlingslager vor allem in Libanon und Jordanien vertrieben. Sie bilden künftig den Kern des Volkes der Palästinenser.
April 1949
„Transjordanien" wird in „Jordanien" umbenannt.
13. Juli 1951
Abkommen zwischen Frankreich und den USA über amerikanische Stützpunkte in Marokko.
20. Juli 1951
König Abdullah von Jordanien wird in Jerusalem ermordet. Ihm folgt König Talal. Am 2. Mai 1953 besteigt König Hussein den Thron.
24. Dezember 1951
Libyen, seit 1912 italienische Kolonie, wird unabhängiges Königreich unter Idris as-Senussi.
23. Juli 1952
Staatsstreich der „Freien Offiziere" in Ägypten. König Faruk muß abdanken. Die Macht übernimmt General Mohammed Nagib, im April 1954 Oberst Gamal Abd-al Nasser.
September 1954
Die USA schließen mit Idris einen Vertrag über Militärbasen in Libyen.
20. März 1956
Unabhängigkeit Tunesiens von den Franzosen. Habib Bourguiba wird erster Staatschef.
März/April 1956
Frankreich und Spanien gestehen Marokko die Unabhängigkeit zu. Es wird im August 1957 Königreich, Hassan II. im Februar 1961 König.
19. Juli 1956
Wegen Ägyptens Neutralitätspolitik ziehen die USA, Großbritannien und die Weltbank ihre Finanzierungszusage zum Bau des Assuan-Staudammes zurück.
29. Oktober bis 6. November 1956
Suez-Krieg: Nach Verstaatlichung des Suez-Kanals rücken israelische Truppen auf ägyptisches Gebiet ein, sie besetzen Sinai-Halbinsel und Suez-Kanal-Zone. Auch Großbritannien und Frankreich greifen Ägypten an. Nasser garantiert schließlich freien Verkehr durch den Suez-Kanal, die Israelis räumen Sinai-Halbinsel und Gaza-Streifen.
5. Januar 1957
Eisenhower-Doktrin: Der US-Präsident bietet den Mittelost-Staaten amerikanische Wirtschafts- und Militärhilfe zum Kampf gegen den Kommunismus an. Vor allem Ägypten und Syrien orientieren sich verstärkt an Moskau.
14. Juli 1958
Putsch des Generals Abd-al Karim Kassem im Irak, König Feisal II. und seine Familie werden ermordet.
7. Oktober 1959
Anschlag auf den irakischen Regenten Kassem. Vier Menschen werden getötet, Kassem verletzt. Am Attentat war Saddam Hussein von der Baath-Partei beteiligt.
Juni 1959
Esso und 1964 auch BP stoßen auf ergiebige Ölvorkommen in Libyen.
10. bis 14. September 1960
Gründung der Organisation Erdöl exportierender Länder (OPEC) mit Sitz in Wien und Kuwait. Die arabischen Staaten schließen sich 1968 zusätzlich in der OAPEC zusammen.
Oktober 1960
König Hussein von Jordanien erhält von den USA die Zusage großzügiger Hilfe.
März 1961
Beginn des Kurdenaufstandes im Nordirak.
Juni 1961
General Kassem verlangt die Eingliederung Kuwaits in den Irak. Die arabische Welt stellt sich gegen diese Forderung.

19. Juni 1961
Das bisherige britische Protektorat Kuwait wird unabhängig, in die Arabische Liga und 1963 als 111. Staat in die Vereinten Nationen aufgenommen. Irak setzt Panzer gen Kuwait in Marsch. Britische Flugzeugträger sowie Truppen der Briten und Arabischen Liga schützen Kuwait. Im Oktober 1963 erkennt Irak die Grenze zu Kuwait an.
3. Juli 1962
Unabhängigkeit Algeriens. Ben Bella erster Staatspräsident. Am 19. Juni 1965 wird er von Houari Boumedienne gestürzt.
8. Februar 1963
Putsch der Baath-Partei im Irak: General Kassem wird erschossen, tausende Gegner werden umgebracht. Im Oktober löst eine Militärregierung das Baath-Regime ab.
8. März 1963
Ein Staatsstreich in Syrien bringt die Baath-Partei an die Macht, General Amin Hafiz übernimmt die Regierung, am 11. März 1971 wählt der Volksrat General Hafiz al-Assad zum Präsidenten.
13. Mai 1964
Während eines Besuchs des sowjetischen Partei- und Staatschefs Chruschtschow in Ägypten wird die erste Stufe des nun mit sowjetischer Hilfe gebauten Assuan-Staudammes eingeweiht.
5. bis 11. September 1964
Die Palästinensische Befreiungsorganisation PLO wird als stimmberechtigtes Mitglied in die Arabische Liga aufgenommen. 1969 wird al-Fatah-Chef Yassir Arafat Führer der PLO.
April 1965
Tunesiens Staatspräsident Bourguiba kritisiert die Palästinapolitik der Araber. Er fordert Verhandlungen mit Israel.
1966
Palästinensische Kampforganisationen lassen sich in Jordanien nieder. Sie rufen zum Sturz des Königs auf.
22. Mai 1967
Ägyptens Staatschef Nasser sperrt die für Israel lebenswichtige Meerenge von Tiran für israelische Schiffe.
5. bis 10. Juni 1967
„Sechs-Tage-Krieg“: In einem Präventivschlag erobert Israel den Sinai, das Westjordanland, den Gaza-Streifen und die Altstadt von Jerusalem. Die israelische Luftwaffe zerschlägt das arabische Militärpotential weitgehend. Weitere 350 000 Araber fliehen nach Jordanien.
1968
Palästinensische Kommandos gewinnen nach und nach die Herrschaft in den libanesischen Flüchtlingslagern.
14. Februar 1968
Die USA liefern Waffen an Jordanien.
April 1968
Die Engländer liefern Waffen nach Libyen. Frankreich verkauft 54 Mirage-Kampfflugzeuge an den Irak.
17. Juli 1968
Zweiter Putsch der Baath-Partei im Irak: General Ahmed Hassan al-Bakr wird Präsident, Saddam Hussein sein Stellvertreter.
1. September 1969
Putsch in Libyen. König Idris wird gestürzt, ein Revolutionsrat unter Muammar al-Gaddafi übernimmt die Regierung. Er verstaatlicht die Ölgesellschaften und Tankstellen von Esso, Shell und ENI. Die amerikanischen Militärbasen werden geschlossen.
1970
Bürgerkrieg in Jordanien. Palästinenser und jordanische Armee liefern sich erbitterte Gefechte. Im September 1970 zerschlägt die Armee die Kommandos der Palästinenser („Schwarzer September“). König Hussein ist in der arabischen Welt isoliert. Die Kommandos verlegen ihr Hauptquartier nach Beirut.
28. September 1970
Tod Nassers, neuer ägyptischer Präsident wird Anwar as-Sadat.
10. Juli 1971
Anschlag auf König Hassan von Marokko durch Kadetten der Militärakademie. Tausende Armeeoffiziere und Offiziersanwärter werden im Januar 1972 vor ein Sondergericht gestellt.
16./17. September 1972
Als Vergeltung für den Terroranschlag auf Israelis während der Olympischen Spiele in München bombardiert die israelische Luftwaffe Stellungen der Palästinenser in Libanon.
6. bis 10. April 1972
Der sowjetische Ministerpräsident Alexej Kossygin im Irak. Er sagt Militär- und Wirtschaftshilfe zu. Ein mit russischer Hilfe erschlossenes Ölfeld wird eröffnet.
1. Juni 1972
Die Iraq Petroleum Company wird verstaatlicht.
2. Dezember 1972
Abu Dhabi, Dubai und fünf weitere kleine Emirate gründen den Staat Vereinigte Arabische Emirate (VAR). 1973 kaufen die VAR Waffen in England.
1973
Saudi-Arabien erwirbt modernste Waffen in England und den USA.
6. bis 25. Oktober 1973
Yom-Kippur-Krieg: Am jüdischen Versöhnungsfest Yom Kippur greifen Ägypten und Syrien Israel an. Saudi-Arabien und weitere arabische Staaten drohen am 17. Oktober mit einem Ölembargo, um die USA und den Westen zur Aufgabe ihrer Unterstützung Israels zu zwingen. US-Außenminister Henry Kissinger handelt einen Waffenstillstand aus.
Juli 1974
Der Iran steigt mit 270 Millionen Mark bei den Krupp Hüttenwerken in Bochum ein. Im Juli 1976 übernimmt er für 866 Millionen Mark 25 Prozent des Essener Krupp-Konzerns.
2. Dezember 1974
Kuwait erwirbt für eine Milliarde Mark 14 Prozent der Aktien von Daimler-Benz. In den folgenden Jahren kaufen die Kuwaitis 30 Prozent der Baden-Badener Korf-Stahl AG, zehn Prozent der Frankfurter Metallgesellschaft und knapp 25 Prozent der Frankfurter Hoechst AG.
Januar 1975
Ägypten kauft französische Mirage-Kampfflugzeuge.
April 1975
Ausbruch des Bürgerkrieges in Libanon. In den nächsten 15 Jahren fordert er annähernd 150 000 Menschenleben.
25. März 1975
König Feisal von Saudi-Arabien wird von einem Neffen ermordet. Der neue Herrscher Khalid, ein Halbbruder Feisals, erklärt sich bereit, das Existenzrecht Israels anzuerkennen, falls Israel sich aus allen 1967 besetzten Gebieten zurückzieht.
14. Mai 1975
Libyen kauft sowjetische Waffen im Volumen von 2,2 Milliarden US-Dollar. Die UdSSR hat Gaddafi zuvor schon Panzer, Frankreich Mirage-Kampfflugzeuge geliefert.
25. März 1976
Ein Veto der USA verhindert eine Resolution des Sicherheitsrates, die Israels Siedlungspolitik in den besetzten Gebieten scharf verurteilt. Auf dem Westufer des Jordan und im Gaza-Streifen kommt es das ganze Jahr über zu Demonstrationen und Zusammenstößen.
13. bis 18. Oktober 1977
Ein Kommando „Matyr Halimeh“ entführt die Lufthansa-Maschine „Landshut“ nach Mogadischu. Die vier Araber verlangen die Freilassung inhaftierter Terroristen der Rote-Armee-Fraktion und palästinensischer Genossen. Die Sondereinheit GSG-9 des Bundesgrenzzschutzes beendet die Entführung.
19./20. November 1977
Ägyptens Staatspräsident Anwar as-Sadat reist zu Gesprächen mit Israels Ministerpräsident Menachem Begin nach Jerusalem. Algerien, Libyen, Süd-Jemen, Syrien und die PLO frieren die Beziehungen zu Ägypten ein.
15. bis 20. März 1978
Großangelegte israelische Offensive in Südlibanon als Vergeltung für einen Anschlag auf einen Touristenbus. Mehr als 1000 Libanesen werden getötet, 265 000 Menschen fliehen. Die Überreaktion stößt in Israel auf Kritik: Es entsteht die „Frieden Jetzt“-Bewegung.
17. Mai 1978
Der US-Senat stimmt der Lieferung von Kampfflugzeugen an Israel, Ägypten und Saudi-Arabien zu.
6. bis 17. September 1978
Auf Einladung von US-Präsident Carter einigen sich Begin und Sadat in Camp David über zwei Rahmenabkommen für eine Nahostfriedenslösung.
7. September 1978
Iranische Geistliche, Nationale Front und andere politische Kräfte rufen zum Generalstreik und Demonstrationen gegen das Regime von Schah Reza Pahlevi auf. In Teheran gehen zwei Millionen Menschen auf die Straße. Militärs richten tags darauf ein Blutbad an, es gibt mindestens 4000 Tote („Schwarzer Freitag“).
13./14. Januar 1979
In Teheran erneut Massenproteste gegen den Schah, Soldaten verbrüdern sich mit Demonstranten. Am 15. Januar flieht der Schah.
1. Februar 1979
Ayatollah Khomeini kehrt nach 15jährigem Exil in den Iran zurück. Vier Millionen Menschen bereiten ihm einen begeisterten Empfang. Er übernimmt am 11.

Februar die Macht. Der Milliarden-Besitz der Schah-Familie wird beschlagnahmt und verstaatlicht.
26. März 1979
Unterzeichnung des Friedensvertrags Israel–Ägypten in Washington. Israel gibt darin alle Siedlungen auf dem Sinai auf. Die arabischen Staaten schließen Ägypten aus der „Arabischen Liga" aus.
16. Juli 1979
Saddam Hussein wird Präsident des Irak. Zwölf Tage später werden nach einem Putschversuch zahlreiche „Verschwörer" hingerichtet.
4. November 1979
Ein studentisches Revolutionskomitee belagert die Botschaft der USA in Teheran und nimmt fast 70 Geiseln. Die Studenten verlangen von den USA die Auslieferung des Schah. Im April 1980 scheitert eine amerikanische Militäraktion zur Befreiung der Geiseln. Sie können erst am 20. Januar 1981 ausreisen.
Februar 1980
Die iranische Geistlichkeit ruft die Schiiten im Irak zum Sturz der Regierung Saddam Hussein und zur Errichtung einer Islamischen Republik auf.
9. April 1980
Imam Bakr Sadr, einer der höchsten geistlichen Autoritäten der Schiiten im Irak, wird verhaftet und hingerichtet.
17. April 1980
Amnesty International protestiert bei Saddam Hussein gegen 100 Hinrichtungen binnen eines Monats.
22. September 1980
Nach Grenzkonflikten um den süßwasserreichen Schatt el-Arab, das Mündungsgebiet von Euphrat und Tigris, bombardieren irakische Kampfflugzeuge die iranische Provinz Khuzistan, in der die wichtigsten iranischen Ölfelder liegen. Irakische Truppen marschieren im Iran ein – Beginn des acht Jahre dauernden Krieges zwischen beiden Ländern.
20. November 1980
Frankreich liefert 26 Kampfflugzeuge vom Typ Alpha-Jet an den Irak.
7. Juni 1981
Israelische Jagdbomber zerstören den von Frankreich gebauten irakischen Atomreaktor in der Nähe von Bagdad.
7. August 1981
Im „Fahd-Plan" des saudischen Thronfolgers Prinz Fahd wird Israel die Anerkennung durch Saudi-Arabien in Aussicht gestellt.
6. Oktober 1981
Ägyptens Präsident Sadat wird während einer Parade zum 8. Jahrestag des Oktoberkrieges von einer islamischen Untergrundgruppe ermordet. Nachfolger wird Hosni Mubarak.
28. Oktober 1981
Die USA liefern fünf Awacs-Frühwarnflugzeuge an Saudi-Arabien im Wert von zwölf Milliarden Dollar.
26. Februar 1982
Die USA streichen den Irak von ihrer Liste der den Terrorismus unterstützenden Staaten und erlauben ihm den Kauf von Zivilflugzeugen in den USA.
6. Juni 1982
Israel marschiert in Libanon ein, um palästinensische Stützpunkte zu zerschlagen. Beirut und andere Städte werden bombardiert und belagert. Die PLO verlegt ihr Hauptquartier nach Tunis.
16./17. September 1982
Rechtsgerichtete christliche Milizen ermorden in den von Israel kontrollierten libanesischen Palästinenserlagern Sabra und Schatila mehr als 1000 Menschen, nach PLO-Angaben sogar bis zu 5000, überwiegend Kinder, Frauen und alte Menschen. Israelische Soldaten hatten die Milizen hereingelassen und nicht eingegriffen. Unter weltweitem Druck läßt Israel das Massaker untersuchen.
Oktober 1982
Erste Berichte über irakischen Giftgaseinsatz im Krieg gegen den Iran.
30. März 1984
Die „New York Times" berichtet, daß die westdeutsche Karl Kolb GmbH in Dreieich dem Irak eine Anlage zur Herstellung von Nervengas geliefert hat.
April/Mai 1984
Beginn des „Tankerkriegs" im iranisch-irakischen Krieg. Iran droht, auch Tanker mit saudischem Öl anzugreifen. Saudi-Arabien stützt den in die Defensive geratenen Irak mit 24 Milliarden Dollar.
Juli 1984
Kuwait kauft in der Sowjetunion Luftabwehrraketen.
17. Februar 1986
Saudi-Arabien kauft 132 britische Kampfflugzeuge, darunter 72 Tornados, im Wert von 7,5 Milliarden Dollar.
14./15. April 1986
Amerikanische Kampfflugzeuge bombardieren die Residenz Gaddafis in Tripolis und Ziele in Benghazi – Vergeltungsschlag für einen Bombenanschlag am 5. April auf die Westberliner Diskothek „La Belle", bei dem ein US-Soldat getötet wurde und für den Washington Libyer verantwortlich macht.
1. Oktober 1986
Israelischer Luftangriff auf das PLO-Hauptquartier in Tunis.
7. bis 12. Oktober 1986
Eine Splittergruppe der PLO entführt das italienische Passagierschiff „Achille Lauro". Ein gelähmter amerikanischer Passagier wird erschossen und über Bord geworfen.
4. März 1987
US-Präsident Ronald Reagan gesteht das amerikanische Geschäft Waffen gegen Geiseln mit dem Iran ein. Die Iran-Gelder waren an die Contras in Nicaragua weitergeleitet worden.
April 1987 bis August 1988
Bei Giftgasangriffen der irakischen Luftwaffe auf kurdische Dörfer im Nordirak kommen mehr als 15 000 Menschen ums Leben. Seit 1968 hat die irakische Regierung mehrere hunderttausend Kurden ermorden lassen, bis zu zwei Millionen wurden zwangsweise umgesiedelt.
31. Juli 1987
Bei Auseinandersetzungen zwischen iranischen Demonstranten, anderen Moslem-Pilgern und saudischer Polizei werden in Mekka mehr als 400 Menschen getötet. Es heißt, die Iraner hätten gegen die saudische Hilfe für den Irak im Golfkrieg demonstriert.
8. Dezember 1987
Beginn der „Intifada" – des „Aufruhrs" der Palästinenser in den israelisch besetzten Gebieten. Binnen drei Jahren werden mehr als 100 000 Palästinenser vorübergehend oder für längere Zeit festgenommen, mehr als 1000 werden von der israelischen Armee getötet.
14. Mai 1988
Irakische Kampfflugzeuge zerstören fünf Öltanker, darunter das größte Schiff der Welt, die unter liberianischer Flagge fahrende „Seawise Giant".
3. Juli 1988
Ein US-Kreuzer schießt über dem Persischen Golf einen für eine Militärmaschine gehaltenen iranischen Airbus ab. Alle 290 Passagiere kommen ums Leben. Die USA bieten den Hinterbliebenen Entschädigung an.
8. August 1988
Iran und Irak einigen sich auf einen Waffenstillstand. Nach Schätzungen starben in dem Krieg eine Million Menschen. Irak, das zu Kriegsbeginn noch Währungsreserven von 30 Milliarden Dollar besaß, hat 100 Milliarden Dollar Schulden.
15. November 1988
Der Palästinensische Nationalrat proklamiert einen unabhängigen palästinensischen Staat in den von Israel besetzten Gebieten mit Jerusalem als Hauptstadt. Arafat wird mit der Führung der „Regierungsgeschäfte" beauftragt. Mehrere Länder erkennen den neuen Staat an. Arafat erkennt am 14. Dezember vor der UNO in Genf das Existenzrecht Israels unzweideutig an.
21. Dezember 1988
Bombenattentat auf eine Pan-Am-Maschine über Lockerbie, 270 Menschen sterben. Der Anschlag wurde von der „Volksfront zur Befreiung Palästinas/Generalkommando" verübt, Vergeltung für den Abschuß des iranischen Airbus am 3. Juli 1988.
1. Januar 1989
Die „New York Times" berichtet, die Firma Imhausen-Chemie in Lahr habe am Bau einer Chemiefabrik zur Herstellung von Giftgas in Rabta/Libyen mitgewirkt. Weiter wird bekannt, daß deutsche Firmen bei der Entwicklung biologischer Waffen im Irak beteiligt waren.
4. Januar 1989
Zwei amerikanische F-14 schießen über internationalen Gewässern des Mittelmeers zwei libysche MIG-23 ab. Die USA bestreiten einen Zusammenhang mit einem von Reagan angekündigten Präventivschlag gegen die Chemiewaffenfabrik in Rabta.
14. Februar 1989
Ayatollah Khomeini ruft zur Ermordung des Schriftstellers Salman Rushdie auf, dessen Roman „Die satanischen Verse" die Gefühle vieler Moslems verletze.
3. Juni 1989
Tod Ayatollah Khomeinis.
24. Februar 1990
Saddam Hussein verlangt, daß Saudi-Arabien und Kuwait dem Irak 30 Milliarden Dollar Schulden erlassen und 30 Milliarden Dollar an neuen Krediten zur Verfügung stellen sollen.